障がいのある子と親のための

小学校就学サポート BOOK

ここは、シューガクタウン。あなたは、このまちで障がいのある子どもと暮らす住人。ここでは、子どもの小学校就学のために、パートナーやまちの人や学校の先生など、様々な人と協力して準備をする『就学活動』を行うのが習わしです。

しかし、就学活動の道のりでは、時に癖のある人に遭遇し、「協力が得られない」「慣習に沿った就学先を進められる」「希望する学校に受け入れてもらえない」など思わぬトラブルに直面することがあります。

でもそんな時は、困ったときの対応策 "こうしよう術" を授けてくれる案内人、チカシカと一緒に就学活動の道のりを進みましょう。さあ、初めての就学活動が始まります。様々な人と協力しながら、より良い小学校生活がおくれるよう一緒に進んでいきましょう！

案内人
チカシカ

はじめに

ダウン症のある娘が小学校に入学する時、
情報が得られず、行政や学校との対応にも苦労した…
私と同じように悩み、苦しむ保護者のために
何かできないかな？

　本書は、ダウン症やADHD、中度の難聴のあるお子さんの母親である高橋真さんのこんな気持ちから生まれました。

　自身の経験と大学院での就学活動をテーマにした研究に基づくと、現状と課題が明らかになってきました。障がいの有無に関わらず、すべての子どもは共に学ぶことが教育の国際的な標準なのですが、現在の日本では、まだまだその体制が整っていません。実際、障がいのあるお子さんをもつお母さん、お父さんにお話を聞いてみると、自治体が教える学校と異なるところを希望する場合、様々な手続きが必要となり、自ら行動し、考え決断し、交渉しなければならないことがたくさんあることがわかってきました。さらに、実際の行政や学校現場で差別的な対応を受けたり、心無い言葉をかけられたりしてしまうことも多々あることがわかりました。このように、障がいのある子どもが希望する小学校に入学することには様々な困難があるのです。

小学校入学までの3つの課題

　障がいのある子どもが希望する小学校に入学するまでに、お母さんやお父さんが悩むことを整理してみると、そこには大きく3つの課題が見えてきました。

　一つ目は、「自分の子どもに合っている就学先がわからない」こと。小学校を選ぶには、今の子どもの様子だけでなく、これから学校でこんな成長をしてほしい、将来はこんなふうに暮らしていってほしい、といった長期的な視点が必要です。また、子どもにとって良い学校は、障がい種別や身体障がい者手帳の等級で決まるものではなく、子ども一人ひとりの性格や取り巻く環境によっても変わります。判断基準が多い中で、親としてプレッシャーを感じてしまうこともあるでしょう。

　二つ目は「就学活動中に起こる出来事を想像できず、関係する人とのやり取りがうまくできない」ということ。お母さん、お父さんも就学活動をするのは初めてで、

具体的に何をすればいいのかわからず戸惑ってしまうこともあります。また行動していく中で、行政や学校、地域の人たちなどから、時に心無い対応を受けてしまい、自分たちの意思を主張できなかったり、落ち込んでしまったりしてうまくやり取りができないことがあります。

　そして、最後三つ目は、「身近に相談・共感できる人が少ない」ということ。子どもの性格や障がい特性、家族環境はもちろんのこと、就学の対応や環境には地域差もあり、なかなか相談できる人に出会えないようです。また、家庭内でもお母さん一人だけが頑張るといった状況になってしまうこともあります。

就学活動 3 つの課題

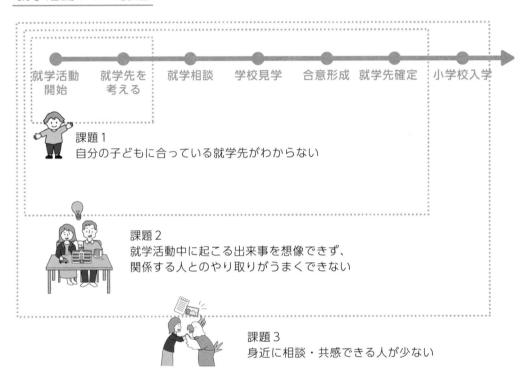

就学活動　就学先を　　就学相談　学校見学　合意形成　就学先確定　小学校入学
開始　　　考える

課題 1
自分の子どもに合っている就学先がわからない

課題 2
就学活動中に起こる出来事を想像できず、
関係する人とのやり取りがうまくできない

課題 3
身近に相談・共感できる人が少ない

3 つの課題を解決する、本書の構成

　本書は、知識編・実践編・準備編の 3 つのパートに分かれています。

　PART 1 知識編では、就学活動を始める時に知っておきたい基本的な用語やスケジュールを紹介します。まずは活動を始めるスタートラインに立ちましょう。

　次に、PART 2 実践編では、お子さんが年中の時期から小学校入学までを大きく 6 つのステージに分けて、その時にやるべきことを ToDo としてまとめています。

「課題1：子どもにあっている就学先がわからない」という方に参考になる考え方や事例、決定をサポートするシートも併わせてご紹介しますので、本書のToDoを一つひとつ行っていけば確実に前に進んでいけます。

　ステージの最後には、就学活動をしていく中で直面してしまうかもしれない9つのトラブルと、その時に取るべき行動"こうしよう術"を紹介しています。この"こうしよう術"は全部で6種類あり、実際に先輩お母さん、お父さんがトラブルに直面した時に行った行動といった事例も交えてご紹介します。こうしようとは「交渉」ではなく、「こうしよう」を意味します。思わぬトラブルに直面し、自分の思った通りに進まなかったり思いを無下にされたりすると、つい交渉しようと戦闘体制になってしまいがちですが、そんな時こそ自分たち家族の意志を明確にし、"こうしよう！"と決めて、上手にコミュニケーションを取っていくことが大切です。

　事前に起こりうるトラブルを知り、やり取りに困った時に取るべき行動をシミュレーションしておくことで、「課題2：就学活動中に起こる出来事が想像できず、関係する人とのやり取りがうまくできない」という課題を解決へと導き、不安が大きくなりがちな就学活動を事前にサポートします。

6つの"こうしよう"術

 夫婦で協力する
『パートナートトモニの術』

 意思をはっきりと伝える
『ズバリの術』

 先輩・友人に教えてもらう
『ナカマニソウダンの術』

 法律を学び使う
『オキテヅカイの術』

 専門家の力をかりる
『プロニタヨルの術』

 考え方や方針を切り替える
『スイッチの術』

そして、最後のPART3準備編では、就学先決定から小学校入学までに学校と調整するべきことをまとめています。就学先の小学校でよりよい学校生活が送れるように応援します。

本書をきっかけに広がる、就学活動のコミュニティ

本書を療育施設や自治体、親の会などで使用いただいたり、本書を元に座談会を開催したりして、「課題3：身近に相談・共感できる人が少ない」という課題解決のきっかけになればと思っています。本書を見ながら、ToDoを一緒にクリアしていったり、ともにトラブルをシミュレーションしたりして、共に支え合いながら進める就学活動の仲間ができることを期待しています。

支援が必要な子もそうではない子も自然と隣にいる、誰もが生きやすい社会へ

学校は勉強だけではなく、人として多くのことを学び成長していく場です。特別な支援が必要な子どももそうではない子どもも、共に学校生活を過ごし学ぶことで、学力だけではない、人として良い影響を与え合うことができます。

今の日本は障がいの有無で学ぶ場が分かれることが多いため、小学校の選択が、これから将来、子どもがどう育っていくかを決める重要な岐路になってしまっています。

本書をきっかけに、皆さんのお子さんの就学はもちろん、引いては、支援が必要な子ども達が社会の中に当たり前にいることができる未来を願っています。誰もがその人らしくイキイキと暮らせる社会に、そして支援が必要な皆さんのお子さんも社会の中で楽しく暮らせるよう、就学活動に取り組んでいただけると嬉しいです。

PART1 知識編
就学活動6つのギモン

Q1　就学相談と就学活動ってなに？

　一般的に就学相談とは、「お住まいの自治体の行政機関で、障がいがあるまたは小学校入学にあたり不安のあるお子さんについて、就学先を相談し、就学までの道のりを協議する場」のことを言います。

　しかし実際は、就学相談の場だけで就学先を決めることは難しく、自分たち家族や先輩家族、医師、園の先生、学校の先生、行政など様々な人と連携して、子どもが学校で過ごす環境をみんなで整える必要があります。そのためここでは、「支援が必要な子どもをもつ保護者が、子どもの小学校入学にまつわる選択・相談（就学相談や移行支援）・学校や自治体との調整内容などを行い、小学校入学に向けて実施する活動全般」のことを『就学活動』と呼んでいます。

就学活動の心得

就学活動をするにあたって、大事にしておきたいことが３つあります。

● 心得1　小学校を決めること＝子どもの将来の入口と考える

　小学校の環境は、今後子どもが社会でどのように生活していくのかを方向づける第一歩になります。そのため、将来を見越して小学校を選びましょう。

● 心得2　子どもにあった良き学びは、みんなでつくる

　今の学校の環境や制度に子どもを当てはめるのではなく、子ども一人ひとりがより良い学びを得られるよう、時には環境や制度を変え、みんなでつくっていきましょう。

● 心得3　途中で別の道も選択できることを忘れない

　心得1の通り、今後の入り口になるのは事実です。しかし、途中で小学校を変わることも可能です。気負いすぎずに、今考えられることに向き合いましょう。

Q2 就学相談って誰が行くもの？

　通常級以外の就学を考えていない場合、自治体の行政機関で行われる就学相談への参加は必須ではありません。しかし、以下に当てはまるご家族は就学相談に参加する、もしくは、自治体や就学予定先の学校に、お子さんが学校で過ごす環境を整えるため相談することをお勧めします。

- 通常級以外の通級や支援級、特別支援学校への就学を考えているご家族
- お子さんの心身の成長や発達、学習面での心配があるご家族
- お子さんの学校生活にサポート（合理的配慮）が必要なご家族

就学相談を受けなくてよかった例

子どもの言語の遅れを療育の先生に相談すると、成長していけば問題ないと言われたので、地域の通常級の学校への就学を考えていた。念のため、その学校に見学に行き先生に相談すると、同じようなお子さんが通学しており受け入れにも前向き。学習面でのサポートも十分であることがわかったので、就学相談は受けなかった。

心配な点を、療育や学校の先生に事前相談しており、学校での学びや環境が子どもにあっていると確認できているので、就学相談を受けなくても子どもにあった学校環境をつくっていけるでしょう！

就学相談を受けた方が良かった例

地域の通常級への進学を考えており、発達障害はあるがみんなの中で育てたいと考えたため、就学相談を受けなかった。しかし就学後、授業や大人数での会話についていけず、それを補う支援員をつけてもらえないか学校に相談したが、就学相談を受けていないので特別な配慮はできないと言われてしまった。

事前のコミュニケーション不足で、周りに協力体制がありません。当然、就学相談を受けていないことは補助員がつかない理由にはなりませんが、このような言葉を返されてしまう可能性もあります。

Q3 就学活動ってどんなスケジュールで進むの？

　自治体や学校の慣習、ご家族の都合によって、進み方は様々ですが、「こんなふうに進むんだな」という大まかな流れを把握しておくと安心です。やるべきことを一つずつ確認しながら活動していきましょう。

就学活動モデルスケジュール

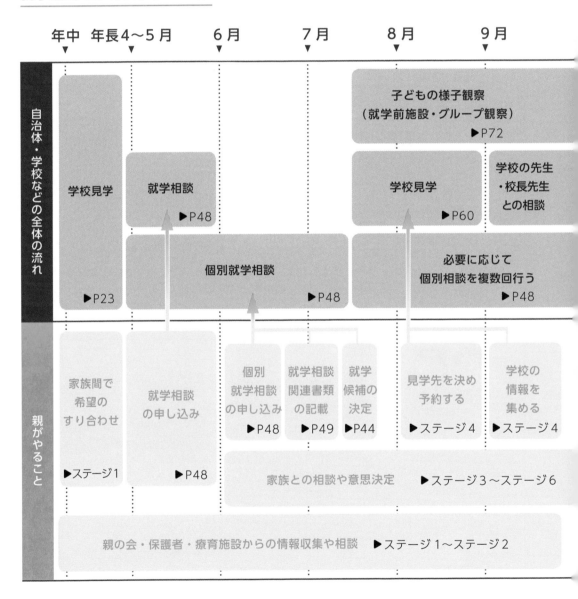

就学活動を年中の時から始めるとこんなメリットがあります！
・スケジュールに余裕があり、落ち着いて客観的に比較・判断できる
・一緒に就学活動を進むことのできるチームをつくることができる
・年長さんご家族の就学活動の様子を1年を通して見ることができる
・スロープやトイレなど、調整に時間のかかるものの把握・相談ができる

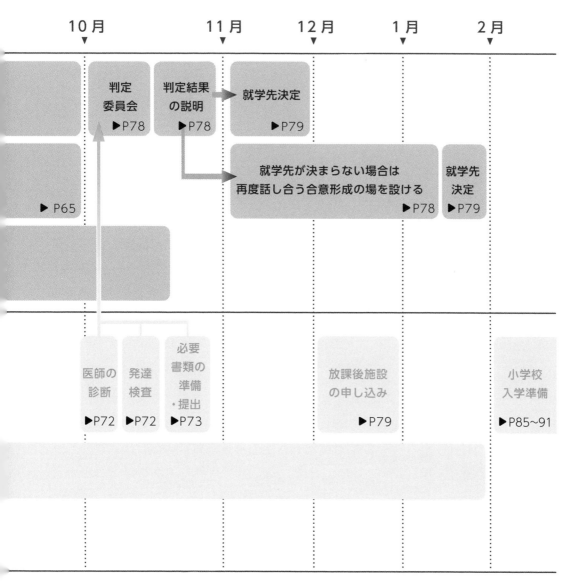

※スケジュールは自治体によって異なる

Q4 学校・学級にはどんな種類があるの？

1. 通常級

学校A

通常級

地域にある学校で、障がいのあるなしにかかわらず共に過ごす学級です。

● 生徒数：小学１年生は１クラス上限３５名、小学２年生以降は上限４０名 ※

● 授業の様子：学習指導要領に合わせた授業進行で、クラス全員に対する一斉授業が行われる

● 管轄：市区町村

※ 令和５年現在、公立小学校は段階的に３５人学級へ移行しており、令和７年３月３１日までに全学年３５人学級になる予定（出典：文部科学省）

2. 通級

通級先が学校内の場合

学校A

通常級　　通級指導教室（特別支援教室）

通級先が別の学校の場合

学校A　　　学校B

通常級　　通級指導教室（特別支援教室）

基本的には通常級で過ごし、週に数回、特別な指導が必要な時に「通級指導教室（特別支援教室）」へ通う学級です。学校によって、通級先となる通級指導教室が、通常級と同じ学校内にある場合と、通常級とは別の学校にある場合があります。後者の場合は、通う時の移動方法の確認が必要です。

また、通級指導教室には、聴覚に障がいのあるお子さんに特化した「きこえの教室」もあります。

● 通級指導教室の生徒数：１クラス上限８名。平均３名程度

● 通級指導教室の授業の様子：コミュニケーションの練習、聞こえの確認や発語の練習など、子どもに必要な部分を切り取って指導が行われる

● 管轄：市区町村

● きこえの教室・難聴学級
軽度難聴があり、学習や補聴に困難をきたすお子さんに特化した指導を行う通級指導教室

3. 支援級（交流級）

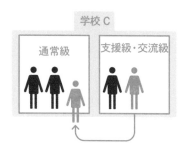

学校C

通常級　支援級・交流級

　基本的には支援級（交流級）で過ごし、部分的に通常級と交流する学級です。交流の頻度・内容は、体育や給食・掃除を一緒に行う、月に1度交流時間があるなど、学校によって様々です。

- 支援級の生徒数：1クラス上限8名
- 支援級の授業の様子：子どもの特性に応じた少人数授業が行われる。支援級の中には、自閉症・情緒障がい、知的障がい、肢体不自由、弱視、難聴、言語障がい、病弱者および身体虚弱の7つに特化した学習をする学級があるが、学校によって、どの学級があるかは異なる。いずれも、早めに学校との調整で新設することが可能
- 管轄：市区町村

4. 特別支援学校 ※

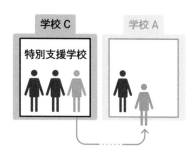

学校C　　　学校A

特別支援学校

　障がいのある子どもが、学習や生活上の困難を克服し自立するために必要なことを身につけることを目的とした学校です。盲学校、ろう学校も特別支援学校のひとつです。

- 生徒数：1クラスあたり上限6名、重度・重複障がいの場合は3名
- 授業の様子：勉強の他に自立に向けた生活の知識・技能を学ぶ
- 管轄：都道府県

- 盲学校
  視覚障害のある子どもが学ぶための学校。定員が6名の「普通」学級と、より少人数の「重度・重複」学級がある
- ろう学校
  手話を活用した授業が行われる。設備面でも普通学校とは違いがあり、重度から高度難聴の子どもが通うことが多い

Q5 放課後の過ごし方にはどんな種類があるの？

1. 学童（放課後児童健全育成事業）

　厚生労働省の管轄で、親が働いている児童を対象とし、障がいの有無にかかわらず預かりが可能な施設です。スタッフは、放課後児童支援員等の資格を持っている方がいる場合が多く、障がい特性を理解した支援員を加えることも相談できます。

　預かりの基準としては、働いていることが前提です。保育園同様、希望者数に対して受け入れ枠が少ない自治体も多いため、希望をしても入れない場合もあります。

- 預かり時間：18時頃まで
- 料金：世帯年収によって異なる
- 申し込み：12月〜1月頃に申し込み

2. 放課後子ども教室

　文部科学省の管轄で、子どもの居場所確保を目的とし、障がいの有無にかかわらず預かりが可能な施設。職員の他、地域の方が見守りスタッフをしている場合が多いです。

　親の就労の有無で預かりに制限はなく、定員に制限はありませんが、支援が必要な子どもに対する支援員が付くわけではないため、預かりを受け入れてくれるかどうか相談が必要な場合があります。

- 預かり時間：16〜17時頃まで
- 料金：無料
- 申し込み：預かり場所（小学校・児童館等）へ登録を行う。年単位での更新が基本

3. 民間の学童

　英語学習やダンス教室、プログラミングなど、子どもの居場所に加え、新たな学習や習い事ができる施設が多いです。

　支援が必要な子どもを受け入れている施設は少なく、申し込みの際に相談する必要があります。預かり時間を長くすることができますが、金銭面でも他施設に比べ高額になります。

- 預かり時間：18〜22時頃までが多いが、施設によっては24時間体制もある
- 料金：学童より高額
- 申し込み：各施設によって申し込みを受付。時期は施設によって異なる

4. 放課後等デイサービス

障がいや発達に特性のある子どもが放課後や長期休暇に利用できる福祉サービスで、療育プログラムや学習指導の提供がある施設です。施設によって、言語聴覚療法や音楽療育に力をいれるなどの特徴があります。

地域によっては、希望者数に対して受け入れ枠が少ない場合があります。

- 対象：預かり時間：18 時頃まで
- 料金：世帯収入によって負担額が異なるが、利用料金の約9割を自治体が負担
- 申し込み：各施設によって申し込みを受け付ける。時期は施設によって異なる

特に民間の学童や放課後等デイサービスは、学校が決まる前に申し込み締め切りになる施設もあるため、申し込み時期に注意が必要です。近隣の施設の空き状況を事前に確認しておきましょう。

 Q6 どんな教育があるの？

親も自分の通った小学校時代をベースに子どもの就学を考えがちです。しかし、学校は地域性や校内の風土によって、障がいに対する考え方も様々なのです。ここでは、インクルーシブ教育にとりくむ事例をお伝えします。

みんなの学校（2014 年 / 監督：真鍋俊永 / 制作：関西テレビ放送）

不登校も特別支援学級もない、同じ学校でみんなで学ぶ。ふつうの公立小学校のみんなが笑顔になる挑戦を描いた映画。学校の先生と子どもたちのリアルな交流がわかり、共に過ごすことの大切さを感じることができます。

東京大学大学院教育学研究科附属バリアフリー教育開発研究センター

インクルーシブ教育の事例や、研究などを行っている研究センター。定期的にイベントも実施し、最新のインクルーシブ教育に関する研究や関連事項を学ぶことができます。

東京大学大学院教育学研究科附属
バリアフリー教育開発研究センター長
小国喜弘さんインタビュー記事

column No.1　インクルーシブ教育のきっかけをつくった「ブラウン裁判」

　1950年代アメリカ。リンダ・ブラウンという小学生の女の子がいました。彼女は、黒人ということを理由に白人と同じ学校に入ることができず、わざわざ家から遠い学校に行かねばなりませんでした。

　この頃のアメリカは、奴隷制度こそ撤廃されたものの、「分離すれども平等」という考えが一般的。そんな中、ブラウン一家は家から近い白人たちの通う学校に通えないのは差別だと訴え、最高裁で満場一致の勝訴。判例には「分離することが、分けられた者の心に劣等感を与え、取り返しのつかない形で心に影響を与える可能性がある」と書かれています。

　この裁判は人種差別撤廃のための重要な節目となり、社会全体が、インクルーシブ教育へと向かっていく大きなきっかけとなったのです。

ブラウン裁判や法律について詳しく知りたい方は、
第二東京弁護士会 / 河邉優子さんの
インタビュー記事も併せてご覧ください

【インクルーシブ教育】

　人間の多様性を尊重し、障害のある・なしにかかわらずすべての子どもたちが共に学ぶ教育のこと。そのような状態になるまでには、以下のように4つの段階を経て変化していくと考えられており、教育のみならず、社会・世界全体がインクルーシブな状態へと変化し始めています。

インクルーシブになるまでの4つの段階

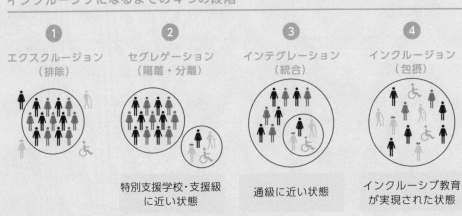

①	②	③	④
エクスクルージョン（排除）	セグレゲーション（隔離・分離）	インテグレーション（統合）	インクルージョン（包摂）
	特別支援学校・支援級に近い状態	通級に近い状態	インクルーシブ教育が実現された状態

出典：LES AVIS DU CONSEIL ÉCONOMIQUE, SOCIAL ET ENVIRONNEMENTAL Mieux accompagner et inclure les personnes en situation de handicap: un défi, une nécessité を元に著者が作成

PART 2 実践編
就学活動をはじめよう

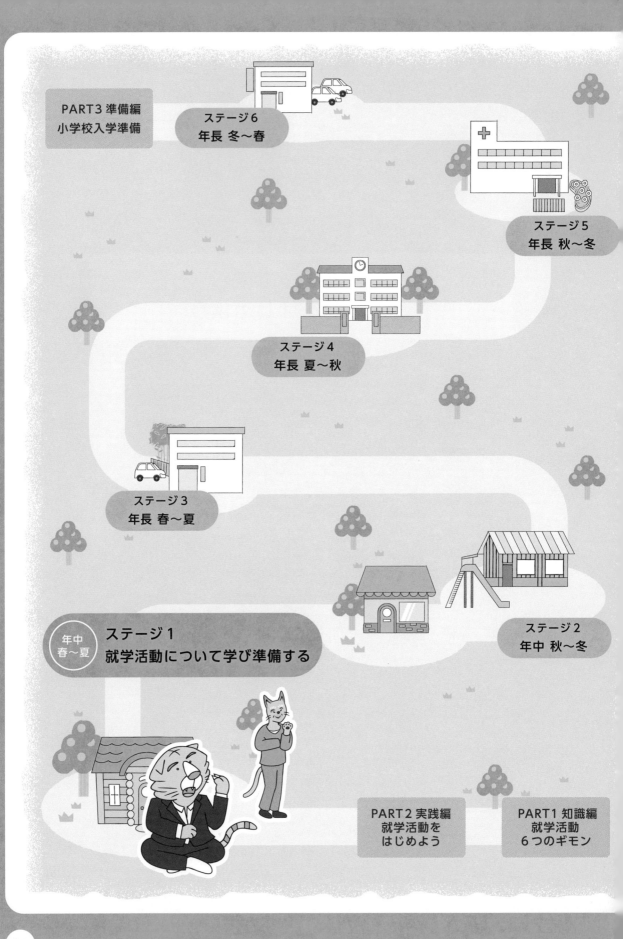

PART3 準備編
小学校入学準備

ステージ6
年長 冬〜春

ステージ5
年長 秋〜冬

ステージ4
年長 夏〜秋

ステージ3
年長 春〜夏

ステージ2
年中 秋〜冬

年中
春〜夏

ステージ1
就学活動について学び準備する

PART2 実践編
就学活動を
はじめよう

PART1 知識編
就学活動
6つのギモン

年中の春は、就学活動が本格的に始まるちょうど1年前。この時期から活動を始められると、スケジュールも気持ちも余裕を持って準備ができます。

まずは、就学活動を始めるにあたり、相談できる先輩や専門家の仲間をつくり、家族間での意思疎通を十分に行っておけると心強いです。

✓ ToDo やることリスト

- ☑ 就学活動6つのギモンを解消する

- ☑ 就学活動の仲間をつくる

- ☑ 小学校を見に行く機会を調べる

- ☑ パートナーと就学について話し合う

ステージ1で出会うトラブル

真剣に話を聞いてくれず
相談相手にならないパートナー
ソッポさんに遭遇

▶ P26

時代錯誤な価値観を
押し付けてしまう義母
デショーさんに遭遇

▶ P28

就学活動6つのギモンを解消する

　初めてのことに取り組むときに、わからない用語があったり具体的なイメージがわかないことはあたりまえ。まずは、就学活動を始めるにあたり知っておきたい6つのことをじっくり読んでおきましょう。

▶ P9　PART 1

就学活動の仲間をつくる

　就学活動は、一人で行うのではなく、パートナーや園の先生、行政、医師、学校の先生など、様々な立場の人が集まり、それぞれの専門分野や得意を生かして子どもに適した学ぶ場を考えていくことが大切です。あなたの周りで、就学活動を支えてくれる人、相談できる人を思い浮かべてみましょう。

あなたの就学活動を共に歩むチーム

 子育ての考えの近い
お父さん・お母さん

 園の先生

 同じ障害を持つ子どもの
お父さん・お母さん

 かかりつけ医
看護師

 現時点の就学希望先に
子どもが通っている
先輩お父さん・お母さん

 療育の先生

 親の会や相談できる団体

 保健師さん

 教育・福祉の考えが
近い地域の議員さん

 就学相談員さん

小学校を見に行く機会を調べる

　まだ就学先がぼんやりとしている時は、実際に学校の様子をみて具体的なイメージを持つことができると考えが深まります。年中さんの春のうちに、近隣にある就学する可能性のある学校を調べ、それぞれの学校の行事や学校公開日などがいつあるのかを調べておきましょう。

● 近隣の学校を調べる

　まずは、お住まいの自治体ウェブサイトにある学校一覧から、学内・学区外だが通える学校を調べてみましょう。この時、近隣の通級や支援級はどこにあるかも合わせて確認しましょう。また、幼稚園や保育園、療育先で先輩たちが通っている学校がどこなのか聞いてみるのもお勧めです。

● 見に行く日を調べる

　小学校のウェブサイトにある年間スケジュールや学校だよりを見ると行事や学校公開日の日程が書かれていることがあります。ただし、掲載していない学校もあるので、その場合は、学校に電話で確認する、教育委員会に問い合わせる、既にその学校に通っている先輩に聞くなどして確認しましょう。

　小学校に行く時は、早めにスケジュールを確認しておくことが大切です。そして、可能な限りお父さん、お母さん、お子さんと家族みんなで見学に行けることが望ましいです。
　また、就学相談にのぞむ保護者のための考え方を学こともお勧めです。

　家族みんなでより良い就学活動にのぞむために参考になる考え方「幸福学」の専門家、慶應義塾大学大学院システムデザイン・マネジメント研究科教授・慶應義塾大学ウェルビーイングリサーチセンター長 / 前野 隆司さんの記事はこちら

パートナーと就学について話し合う

　考えを共有しパートナーと共に就学活動を行うことは、大きな力となります。まずは、考えをまとめるのではなく、子どもの就学や将来について話し合いしょう。

子どもの就学先と将来を考えるためにパートナーと話し合う4つのこと

point1 将来、子どもにはどんな環境で過ごしてほしい？

> 地域の中でひとり暮らしやパートナーと家族を持って過ごしてほしいな！ そのために人とのつながりは大事だね！

> 自分の好きなことを大事にしてほしいから、習い事や部活動にチャレンジさせたい！

他にも…家族や親戚のつながりを大事にして一緒に暮らしてほしい、グループホームなどで障がいのある人たちと共同生活しながら安心して過ごしてほしいなど。

point2 学校で大切にしたいことってなに？

> 学力より、お友達との交流やみんなで行動することを学ばせたい！

> やっぱり、ある程度授業について行って、困らない程度の学力は身につけたいな

他にも…勉強は個別で行事はみんなと一緒に楽しんでほしい、日常生活で必要な言動やルールを身につけること（例：集団行動、清掃、配膳、コミュニケーション）など。

point3 障害に合わせたカスタマイズが必要なところってある？

> 書くのが遅いから、タブレットが使えるといいな

> 医療的ケアが必要だから学校でどこまでやってくれるか確認したい

他にも…授業や会話の内容理解に対するサポート、落ち着ける場所の確保、補聴器の導入、席順の配慮、発話に対するサポートなど。

point4 働き方や周囲の環境から事前に検討・相談しておくことは？

> 私も仕事を続けたいから、遅い時間の預かりも必要だね

> 僕の実家が近いから、両親に頼むこともできるよ！

他にも…行事やPTAの参加はどうするか、送迎の時に利用できるサービスはないか、教育費・給食費などを補う補助金、学校での看護師配置などの医療的ケアの検討など。

ワンランクアップ！ナレッジコラム

column
No.2 みんなが「公平」に参加できる状態とは？

日本に、かの有名なメジャーリーガーが来日！ 多くの子どもたちが野球場に集まりました。ところが、野球場には安全塀が。背の大きい子は観られますが、中くらいの子や小さい子は観ることができません。（下図❶）そこで、球場スタッフが台を平等に配布。しかし、小さい子はまだ観ることができません。（下図❷）

小さい子は、「これじゃ、不公平だ！」と泣き出しました。そこで大きい子は考えました。「公平って何？ 確かにみんなひとつずつ台があるけど、観る機会は公平じゃない」そこで大きい子は自分の台を小さい子に渡しました。するとどうでしょう、みんなが公平に野球を観て楽しむことができました。（下図❸）

その様子を見ていた球場スタッフ。「どんな人も野球を楽しむために、塀を柵に変えよう！」と環境そのものを変える方法を思いついたのでした。（下図❹）

障害者の法律について詳しく知りたい方は、
特定非営利活動法人 DPI 日本会議事務局員 / 崔栄繁さんの
インタビュー記事も併せてご覧ください

【公平】

個々の状況やニーズに応じて適切な配慮や措置を行い、差別や不平等をなくすこと。就学活動では、このような適切な配慮することを、「合理的配慮」と呼ぶことが多く、下図❸の台の配り方の工夫や下図❹の環境整備がそれにあたります。（合理的配慮の詳細は P37）

野球観戦を例にした平等、公平の考え方

❶ 配慮なし　　　❷ 配分が平等　　　❸ 機会が公平　　　❹ 基礎的環境整備
（社会モデル）※

一番背の高い人しか　　台を平等に与えても　　台を公平に与えれば　　環境を変えれば
見えない　　　　　　一番背の低い人は　　　全員が見ることが　　　誰も不利な状態は
　　　　　　　　　　見えない　　　　　　　できる　　　　　　　　発生しない

※社会モデルの詳細はP37

出典：公益財団法人 日本ケアフィット共育機構ウェブサイトを元に著者が作成

ステージ1で出会うトラブル

家族と相談する時、
真剣に話を聞いてくれず相談相手にならないパートナー

ソッポさんに遭遇するかも…！

遭遇した時の
シミュレーション
動画を見る

この子の小学校について、そろそろ考え
ないといけないよね。どう思う？

う～ん…
今はちょっと時間ないな～。

まぁ、なるべくいい学校に行く方が
将来のためにいいよね。でも、きみに任せるよ！
きみの方がよく知っていると思うし。

任せるって言って
も私だってわから
ないよ。

子どものことも、私のことも考え
てくれてない。家事育児の分担も
家計のことも相談したいのに…

家族が話を聞いてくれないし、
真剣に考えてくれない時、
どうしたらいいんだろう …

真剣に話を聞いてくれず相談相手にならないパートナー
ソッポさんに遭遇した場合の
"こうしよう"術

ともに熱心に取り組む夫婦と家族ぐるみで付き合ってみる

　直接話すよりも、他の家族から「うちの子はこの学校に行かせたいと思ってるんだけど、○○ちゃんはどうですか？」「今度の勉強会行きますか？」などと聞いてもらった方が自然と協力的になりやすい場合もあります。

週末開催の勉強会に一緒に参加したり、
スキマ時間で見られる説明動画を送ったりする

　勉強会は自治体や民間などで開催されているので、仕事のスケジュールと合うものを探しましょう。また、そこまで時間が取れない場合は、参考になる説明動画を送ってスキマ時間に見てもらうことを促しましょう。

自分一人で考えることにして、決めたことを細かく報告する

　一緒に取り組むことを促しても自発的な行動をしてくれない場合は、これもひとつの手。実際にこのようなコミュニケーションをとったことで、協力してくれないもやもやを断ち切ることができ、いざ、パートナーがいないとどうしようもできない時が来ても、経緯は共有できているから大丈夫！という安心感をもてたという方もいます。

こんなトラブルに遭遇した時、あなたなら
どんなこうしよう術ができそうか考えてみよう！

ステージ1で出会うトラブル

 家族と相談する時、
時代錯誤な価値観を押し付けてしまう義母

デショーさんに遭遇するかも…！

遭遇した時の
シミュレーション
動画を見る

 ！

 お義母さん…！
どうしたんですか？

来年の小学校入学のことで、
ちょっといいかしら！

 もちろん、あの学校に行くのよね？
子どものことを考えたら、あの学校は手厚いし
絶対いいと思うわ〜！ね？そう思うわよね？

 私としては、こっち
の学校の方がいいん
だけどなあ…

 お義母さんには送迎の相談とかも
したいし、なるべくいい関係でい
たいんだけどな…

 お義母さんが自分の考えを尊重してくれず、
固執した考えを私たちに押し付けてくる時、
どうしたらいいんだろう…

時代錯誤な価値観を押し付けてしまう義母

デショーさん に遭遇した場合の
"こうしょう"術

パートナートトモニ
の術

パートナーからお義母さんに家族としての考えを伝えてもらう

　個人の意見ではなく、家族全員の意見だと伝えてみることで、前向きに話を聞いてくれる場合もあります。パートナーから就学活動の進捗を伝えてもらったり、家族みんなで食事をしながら考えを伝えてみたりするのもいいでしょう。

ブロニタヨル
の術

自分の考えにあった書籍や動画を紹介して見てもらう

　直接話をすると角が立つので、あくまでも第三者や今の時代における考え方として話をすると良いでしょう。熱心に考えようとしてくれている場合は、大事にしている部分をうまく共有できれば、強力な味方になってくれるかもしれません。

こんなトラブルに遭遇した時、あなたなら
どんなこうしょう術ができそうか考えてみよう！

PART3 準備編
小学校入学準備

ステージ6
年長 冬～春

ステージ5
年長 秋～冬

ステージ4
年長 夏～秋

ステージ3
年長 春～夏

年中
秋～冬

ステージ2
情報を集めて考えを深める

ステージ1
年中 春～夏

PART2 実践編
就学活動を
はじめよう

PART1 知識編
就学活動
6つのギモン

年中の秋以降は、なんとなく見えてきた希望の就学先を確かめるため、色々な人の意見を聞いて「これは違うかも」「これはうちの家族の価値観と近いな」と考えを巡らせましょう。まだ焦らなくて大丈夫です。年長さんに向けて活動の方向性を定めていきましょう。

✓ToDo やることリスト

☑ 先輩家族の就学活動を知る

☑ 園・療育の先生に意見を聞く

☑ 就学活動に関する勉強会や相談会に参加する

☑ 公開日・行事の機会に小学校を見に行く

⚠ ステージ2で出会うトラブル

たくさんの情報をあれもこれもと
教えてくれるママ友
アレコレさんに遭遇
▶ P38

親の希望を応援して
くれない療育の先生
ソワンヌさんに遭遇
▶ P40

先輩家族の就学活動を知る

すでに就学活動を終え、学校生活を送っている先輩家族の経験談を見てみましょう。就学活動やその後の子どもの成長を見ることで、「自分の子どももこんなふうに学校で成長してほしい、そのためには今どうすればいいか」と考える参考になります。

就学活動を経験したご家族

高橋さんご家族　就学活動をしたお子さんの障がい　ダウン症、中度難聴、ADHD

小学校では学校生活が障がいの有無で分かれることがないように、学校を選んだ。家族で協力して活動するため保育園時代からコミュニケーションをとった。

西村さんご家族　就学活動をしたお子さんの障がい　難聴

ろう学校の先生のアドバイスで、学校見学とは別日に娘さんと見学し、学校の具体的なサポートを確認。最終的には、本人の意思を尊重して学校を決定した。

工藤さんご家族　就学活動をしたお子さんの障がい　ADHD、軽度知的障害

観察・検査結果を見た就学相談員より支援級を勧められたが、通常級就学を後押しする団体に相談して仲介に入ってもらい、隣の学区の通常級へ就学した。

山田さんご家族　就学活動をしたお子さんの障がい　LD、ASD、ADHD

夫婦で意見がまとまらず、先輩ママのアドバイスから最後は本人の意思で支援級に就学。本人が、中学校は通常級に通いたいという意思があり、5年生から中学校進学を見据えた活動を続けている。

藤田さんご家族　就学活動をしたお子さんの障がい　ダウン症、知的障害

お父さんが積極的に活動し、学校見学は夫婦で行って、互いの気づきや考えを補い支援級に就学。入学後も通常級との交流ができるよう学校と調整を重ねている。

井田さんご家族　就学活動をしたお子さんの障がい　ダウン症

年中の頃から活動し、希望する学校への思いを明確に。判定結果は支援学校だったが、通常級に通いたい意思を伝え、合意形成を重ね、通常級に就学。

貫井さんご家族　就学活動をしたお子さんの障がい　ダウン症

越境入学希望で、前例がないと言われてしまう。しかし、夫婦それぞれの得意分野を生かしながら何度も相談を重ね、周りの人を仲間にして、希望する学校へ就学。

金子さんご家族　就学活動をしたお子さんの障がい　ダウン症、先天性白内障、医療ケア

　専門家や公的機関からの正確な情報収集と、SNSで情報交換し、日常の小さな悩みを話を聞いてもらうなど、上手に悩みを解決しながら活動。

林さんご家族　就学活動をしたお子さんの障がい　脊髄性筋萎縮症（SMA1型）

　人工呼吸器をつけながら通常学級に就学後、現在は看護介助員と学習アシスタントを市が配置し、昼間定時制高校に通学中。

家族のインタビュー記事はこちら

✓ToDo　園・療育の先生に意見を聞く

　園・療育の先生に意見を聞くことで、家では見られない子どもの様子や専門家視点のアドバイスがもらえることもあります。

療育の先生への相談事例

case1

　この学校に就学したいと考えているんですが、いまの子どもの発話の様子からみて、授業についていくのって難しいでしょうか…？

　友達と話すことで発話の機会が増えて、聞き取りにくさが少しずつ改善しています。音読など発話の練習が必要かもしれませんが、コミュケーションはできるので、周りの友達と一緒の方が成長できると思います！

case2

　この学校に、近所のお友達と一緒に通学させたいと考えているんですが、いまの子どもの生活の様子からみて、心配なことって何かありますか…？

　徒歩での通学時間が長いと体力的に疲れてしまうかもしれません。初めは無理せず、慣れるまでは送迎なども交ぜながら通学してみるといいと思いますよ！こんな送迎サービスもありますので、検討してみてはどうですか？

就学活動に関する勉強会や相談会に参加する

　障がいについての勉強会や相談会を開催している様々な団体があるので、アクセスしてみましょう。団体を探す時は、教育に対する考え方が自分と近いかどうかに加え、親同士が支え合う団体、専門家が相談を受ける団体、商品やサービス利用を目的とした団体など、自分の目的と合っているかどうかの2点を意識しながら探してみましょう。

開催している団体

公益財団法人 日本ダウン症協会

　ダウン症のある人たちとその家族、支援者でつくる会員組織で、全国に約5,200名の会員がいる団体。全国に支部があり、親の会などの交流会、育児や就学活動についての相談も行っている。

一般社団法人 日本自閉症協会

　自閉スペクトラム症の方やそのご家族が安心して生活できる活動を行う団体。47都道府県に加盟団体があり、イベントや研修会の実施、育児や就学活動についての相談を行っている。

一般社団法人 全国手をつなぐ育成会連合会

　知的障がい者とその家族への支援活動を行う民間団体。各都道府県に育成会があり、セミナーの実施や育児や就学活動についての相談、地域行事の実施など、地域の特性を生かした活動にも力を入れている。

医療的ケア児支援センター

　人工呼吸器による呼吸管理や、たんの吸引等の医療的ケアが日常的に必要な子ども向けの支援施設。家族間の交流、育児や就学活動についての相談を行っている。都道府県ごとに施設があるため、[都道府県名][医療的ケア児支援センター]で検索。

療育センター

　障がいのある子どもに対して、それぞれに合った治療・教育を行う場所で、相談窓口では、生活、家庭、教育、育児や就学活動についてなどソーシャルワーカーに相談が可能。自治体ごとに施設があるため、[自治体名][療育センター]で検索。

バクバクの会〜人工呼吸器とともに生きる〜

人工呼吸器をつけて生きる人と、その人たちとともに生きる人たちが、地域であたりまえに生きるために一緒に考え、伝える団体。家族間の交流、イベントの実施、就学活動についての相談・サポートなどを行っている。

LITALICO 発達ナビ

「障害のない社会をつくる」をビジョンに掲げ、就労支援や幼児教室、学習塾などの教育サービスを提供している団体。オンライン勉強会、ウェブコラム掲載、就学活動についての相談・サポートも行っている。

NPO 法人 アクセプションズ

2012 年に日本で初めてダウン症のある人と一緒に歩くイベント『バディウォーク』を開催。様々な活動を通してダウン症のある人とその家族そして誰もが個性を発揮できるインクルーシブな社会を目指して活動を行っている。

理事 古市理代さん
インタビュー 記事

一般社団法人 Orange Kids' Care Lab.

福井県で重い障がいや医療的ケアが必要な子どもの通所施設を軸に、在宅医療の提供や家族の居場所づくりなどの活動を行う団体。通所施設支援、就学活動についての相談・サポートも行っている。

代表 戸泉めぐみさん
インタビュー 記事

各団体のウェブサイトはこちら

また、ここで紹介している団体以外にも、「地域名」「障害種別名」「親の会・勉強会・就学サポート」などのキーワードで検索したり、保健師、支援が必要な子を持つ親、医師に聞いてみたりして調べてみましょう。

公開日・行事の機会に小学校を見に行く

　見学に行く際には、以下の5つのポイントを確認できるといいでしょう。見学スケジュールは、通常級・通級・支援級は自治体、支援学校は都道府県から情報が公開されていますので、お住まいの自治体、都道府県に問い合わせて聞いてみましょう。

学校行事・学校公開日で見るべき5つのポイント

point1 支援の必要な子たちの参加度はどう？

学芸会で演目は一緒だったけど、座席は支援級だけ別々…

みんな一緒に行う授業が多く先生や生徒と一緒に過ごしていた

point2 周囲の雰囲気や支え合い雰囲気は？

先生が一緒に活動してくれるけど、少し手伝いすぎかも…

失敗してもみんなでフォロー！校長先生と子どもの距離も近くていい感じ！

point3 学校の設備・環境はどうだった？

エレベーターあり！だれでもトイレは1箇所で、和式のトイレがほとんどで練習が必要かも

下駄箱・ランドセル置き場が通常級と支援級で一緒だ。一緒に過ごせるのはいいな！

point4 障害や発達に合わせた合理的配慮はあった？

運動会で、リレーのルールを変えてみんなで同じ競技ができるような工夫が見られた！

聞き取りづらい子は前の席にしている！タブレットも使用していたね

point5 授業・行事の内容と子どもの成長・発達との合致度はどう？

音声教材も併用していて、学習面も成長できそう！

キャリア教育って書いてあったけど、内容が簡単すぎるかも…

ワンランクアップ！ナレッジコラム

column No.3　環境を変えて障害をなくす「社会モデル」と「合理的配慮」

　体育の跳び箱の授業の時。ダウン症のあるBくんは、ジャンプが苦手だったので、授業に参加することを嫌がりました。

　そこで、先生と相談して、2本の三角コーンにゴム紐を張り、怖がらずに参加できるようになることを目標に変更。最初はまたいでいただけのBくんがだんだん飛べるようになり、そのうちに1段だけなら跳び箱に登ったり降りたりするようにもなりました。

　そうしたら実はクラスメイトの中にも、高い跳び箱が怖かったり苦手に感じたりするお子さんがいて、ゴムひもや低い跳び箱の代案ができたことで、彼らも一緒に体育の授業を楽しむことができました。環境が変わることで、みんなにとってもいい効果があって良かったです。

社会モデルと合理的配慮について詳しく知りたい方は、東京大学大学院教育学研究科附属バリアフリー教育開発研究センター・教授／星加良司さんのインタビュー記事も併せてご覧ください

【社会モデル】

　障害は個人の側にある（医学モデル）ではなく、障害は社会の側にあるという考え方のこと。この障害の考え方は、子どもに合わせた必要な支援（合理的配慮）を求める際に役立ちます。障害のある子が悪いのではなくて、その障害を生んでいる環境は何かと考えてみましょう。

医学モデル

　障害や不利益・困難の原因は目が見えない、足が動かせないなどの個人の心身機能が原因であるという考え方

階段が登れないのは、
歩けない・車椅子だから
▼
立って歩けるような
リハビリをしよう

社会モデル

　障害や不利益・困難の原因は障害のない人を前提につくられた社会のつくりや仕組みに原因があるという考え方

階段が登れないのは、
階段があるから
▼
スロープ
を設置しよう

【合理的配慮】

　障害者が社会の中で出合う困りごとや障壁を取り除くための調整や変更のこと。学校生活の中では、スロープの設置、メガネ・補聴器の使用、わかりやすい資料づくり、タブレットの使用など、様々な配慮を受ける権利があります。

ステージ2で出会うトラブル

 友人に相談する時、
たくさんの情報を、あれもこれもと教えてくれるママ友

アレコレさん に遭遇するかも…！

遭遇した時の
シミュレーション
動画を見る

同じ障害のあるお母さんに
意見を聞いてみよう！

あら〜、久しぶり〜！

 就学活動はどう？
小学校どこ
いくの？

…え！
あそこの学校に
行かないの！？

あそこの小学校の方が、
あれもこれも
充実してるって
いうからいいと
思うわよ〜！

 それに私が参加した勉強会では、
あれもこれもやっておいた方が
いいって言ってたわ！

 え〜！！？あれも
これもありすぎて
パニック…！

 ママ友がたくさんの情報を教えてくれるけど、
何が自分の子どもに合うのかわからない時、
どうしたらいいんだろう…

たくさんの情報を、あれもこれもと教えてくれるママ友

アレコレさん に遭遇した場合の
"こうしよう"術

プロニタヨル
の術

園・療育の先生と、「成長を見込み、子どもにどんな環境で
過ごして欲しいか」を一緒に考えて、必要な情報を見定める

　たくさんの情報は一旦頭の角に置いて、園・療育の先生に今後の成長も踏まえた意見を聞いてみましょう。その上で、情報を見直すと、自分の子どもに必要なものと必要でないものを見定めることができます。

パートナートトモニ
の術

パートナーと互いにできることを話し合い、
家族にあった環境を考えることで必要な情報を整理する

　パートナーと、「学校に慣れるまでの送り迎えをどちらが担当するか」「行事やPTA には積極的に参加して親同士でコミュニケーションをとろう」などを話して、学校生活が始まってからの子育てを一緒に考えてみましょう。そうすることで、漠然としていた学校生活が具体的になり、必要な情報を取捨選択しやすくなるはず。

ナカマニソウダン
の術

家庭環境や子どもの障害、子どもの育て方などの
考えが近い友達に相談して、自分に役立つ情報を得る

　ママ友の中でも相談する人を選ぶことで、描く将来像を共感できたり、比較して自分はどうかな？と考えやすくなり、自分に役立つ情報が見えてきます。なかなか、身近に環境が同じで話せる人がいない方は、SNS で、[# 就学相談 # 障害種別]で検索し、コンタクトをとってみましょう。また、療育施設の見学や学校の運動会公開日に行って、親御さんに話しかけてみるなども一つの手です。

こんなトラブルに遭遇した時、あなたなら
どんなこうしよう術ができそうか考えてみよう！

ステージ2で出会うトラブル

相談しても、
親の希望を応援してくれない療育の先生

ソワンヌさんに遭遇するかも…！

遭遇した時の
シミュレーション
動画を見る

療育の先生には子どもの
成長を見越して就学活動
を後押しして欲しい…！

この学校を考えてるんで
すが、普段の様子からみ
て、通えるでしょうか…？

**あら〜！
そちらの学校ですか…**

う〜ん…いまの様子だと授業についていけなかったり集
団行動もできなかったりして、ちょっと通うのは難しい
と思いますけど…
やっぱりあっちの学校の方が環境はいいと思いますよ？

応援してもらえると
思っていたのにショック…

やっぱり難しいの
かな？

**療育の先生が子どもの成長を信じてくれず、
自分の選択を応援してくれない時、
どうしたらいいんだろう…**

親の希望を応援してくれない療育の先生
ソワンヌさんに遭遇した場合の
"こうしよう"術

プロニタヨル の術

園の先生や、PT（理学療法）・OT（作業療法）・ST（言語聴覚療法）
など、個別の発達に詳しい先生に意見を聞いてみる

　療育の先生は、今の子どもの状態にとらわれすぎて、これからの成長を見込ん
だアドバイスをもらえないこともあります。その場合、より発達に詳しい他の先生
に話したら、「きっと話せるようになるからこの学校がいいと思うわ」と、今後の
子どもの発達を重視し、選択を応援してくれることもあります。

ナカマニソウダン の術

同じ障がいのある子どもをもつ友人、
同じ学校・療育に通う先輩に意見を聞いてみる

　療育の先生には日常生活の様子を聞くだけと割り切り、同じ障がいのある子ど
もを持つ友人や同じ療育に通っている先輩に相談してみましょう。希望する学校に
通っているお子さんがいる先輩がいれば、より今後の成長のイメージがついて参考
になるはずです。

スイッチ の術

長期的な目線で考え、今後の子どもの成長を信じてみる

　療育の先生は子どもの現状をみて、手厚い支援がある方を勧めることもあります。
療育の先生の意見は、今の子どもへのアドバイスだと割り切り、「今後通う学校で
どう成長してほしいか」というように思考を変えると、前に進むことができます。

こんなトラブルに遭遇した時、あなたなら
どんなこうしよう術ができそうか考えてみよう！

ステージ22 PART

PART3 準備編
小学校入学準備

ステージ6
年長 冬～春

ステージ5
年長 秋～冬

ステージ4
年長 夏～秋

年長
春～夏

ステージ3
考えをまとめて就学相談に行く

ステージ2
年中 秋～冬

ステージ1
年中 春～夏

PART2 実践編
就学活動を
はじめよう

PART1 知識編
就学活動
6つのギモン

いよいよ就学活動が本格化し、自治体主導の就学相談が始まります。春は、何かと申し込みや準備が多めです。

これまでの活動で生まれた考えや思いをしっかり伝えられるよう、ついつい遠慮してしまうという方は、そんな自分を引っ込めておきましょう！

✓ToDo やることリスト

☑ パートナーと話し合い、就学候補先を決める

☑ 就学相談を申し込む

☑ 個別就学相談を申し込む

☑ 放課後施設を見学する

⚠ ステージ3で出会うトラブル

決まったことしか
教えてくれない相談員
オキマリさん
▶ P52

慣習に沿った就学先に
仕向けてくる相談員
シムケールさん
▶ P52

パートナーと話し合い、就学先を決める

 就学の方向性を検討するための
モヤモヤ整理シート  記入例

1 検討項目について、あなたと
考えが近いものの数字に丸をつける

ママパパそれぞれ考えてみよう！

	検討項目
子ども	1. 子どもは、一人で過ごすよりもみんなと一緒に過ごす方が好きだ
	2. 子どもには、障がいの有無に関わらず友達と触れ合ってほしい
	3. 子どもには、授業内容だけの学びだけではなく、いろんな人とのコミュニケーションや社会
	4. 子どもには、先生から学ぶだけでなく、いろんな友達と助け合いながら学んでほしい
	5. 授業の内容・実施方法は、特性に応じてカスタマイズされた環境よりも、みんなと同じ内容
	6. 学校行事は、子どもの特性に応じて限定された環境で参加するよりも、みんなと同じ内容・
	7. 給食、掃除、係活動、朝の会などの活動は、特性が似た子どもたち同士で活動するよりも、
	8. 学校生活中に専門的な医療的支援や介助の必要はない
保護者	9. 自分 (保護者) は、前例がないことを学校に相談したり、依頼したりできる方だ
	10. 自分 (保護者) は、同級生の保護者に対して障害の有無を気にせずコミュニケーションが取れ
家族	11. 学校行事や役員などが複数校にわたる手間を考えると、兄弟や姉妹と同じ学校に通わせたい
	12. 自分の家族は、保守的ではなく新しい価値観や学び方を受け入れやすい方だ
社会	13. 将来子どもは、障がいのある人同士一緒に手厚い支援を受けて暮らすよりも、地域・社会の中

 シートを終えたあなたに一言！ まずは「どうありたいか」を元に就学する学校を決めましょう。就学先の希望は途中で変わっても構いません。現在の考えを元に、実際に学校見学をしたり、相談したりして家族で意思を確認しながら、最終的な就学先を検討しましょう。ぜひ、パートナーやお子さんもそれぞれ記入してみて家族の意見の見える化を行ってみてください！

就学先を決める前に、子どもと家族にとって望ましい未来を考えてみましょう。話したことをより具体的にし、おおよその就学先を確認してみましょう。

このシートは、子どもの就学先を考える時に使用するシートです。このシートを使うことで、子どもが「どのように育ってほしいか」という将来像から、そのためにどの小学校がいいのかを考えることができます。1〜3のステップに従って記入してみましょう。

3 スケール上に合計の数の位置に印をつけ、あなたの思考に基づいたおおよその就学先を確認。今後、就学先を決める時の参考にしましょう。

	全く当てはまらない	あまり当てはまらない	少し当てはまる	とても当てはまる
	1	2	③	4
	1	2	3	④
性を身につけてほしい	1	2	3	④
	1	2	3	④
・同じ環境で学んでほしい	①	2	3	4
同じ環境で参加してほしい	1	2	3	④
みんなと一緒に活動してほしい	1	2	③	4
	1	②	3	4
	1	②	3	4
る方だ	1	②	3	4
	1	2	3	④
	1	2	3	④
で障害の有無に関わらず一緒に暮らしてほしい	1	2	3	④
2 丸をつけた数字のみを足す → 合計		41	/ 60	

就学先志向スケール

通常級　60 / 50 / 40　通級 / 30 / 20　支援級 / 10 / 0　特別支援学校

シートの詳しい書き方を動画で見る

ステージ32 PART3

就学の方向性を検討するための
モヤモヤ整理シート

1 検討項目について、あなたと
考えが近いものの数字に丸をつける

 ママパパそれぞれ考えてみよう！

	検討項目
子ども	1. 子どもは、一人で過ごすよりもみんなと一緒に過ごす方が好きだ
	2. 子どもには、障がいの有無に関わらず友達と触れ合ってほしい
	3. 子どもには、授業内容だけの学びだけではなく、いろんな人とのコミュニケーションや社会
	4. 子どもには、先生から学ぶだけでなく、いろんな友達と助け合いながら学んでほしい
	5. 授業の内容・実施方法は、特性に応じてカスタマイズされた環境よりも、みんなと同じ内容
	6. 学校行事は、子どもの特性に応じて限定された環境で参加するよりも、みんなと同じ内容・
	7. 給食、掃除、係活動、朝の会などの活動は、特性が似た子どもたち同士で活動するよりも、
	8. 学校生活中に専門的な医療的支援や介助の必要はない
保護者	9. 自分（保護者）は、前例がないことを学校に相談したり、依頼したりできる方だ
	10. 自分（保護者）は、同級生の保護者に対して障害の有無を気にせずコミュニケーションが取れ
家族	11. 学校行事や役員などが複数校にわたる手間を考えると、兄弟や姉妹と同じ学校に通わせたい
	12. 自分の家族は、保守的ではなく新しい価値観や学び方を受け入れやすい方だ
社会	13. 将来子どもは、障がいのある人同士一緒に手厚い支援を受けて暮らすよりも、地域・社会の中

 シートを終えたあなたに一言！ まずは「どうありたいか」を元に就学する学校を決めましょう。就学先の希望は途中で変わっても構いません。現在の考えを元に、実際に学校見学をしたり、相談したりして家族で意思を確認しながら、最終的な就学先を検討しましょう。ぜひ、パートナーやお子さんもそれぞれ記入してみて家族の意見の見える化を行ってみてください！

このシートは、子どもの就学先を考える時に使用するシートです。このシートを使うことで、子どもが「どのように育ってほしいか」という将来像から、そのためにどの小学校がいいのかを考えることができます。1〜3のステップに従って記入してみましょう。

3 スケール上に合計の数の位置に印をつけ、あなたの思考に基づいたおおよその就学先を確認。今後、就学先を決める時の参考にしましょう。

	全く当てはまらない	あまり当てはまらない	少し当てはまる	とても当てはまる
	1	2	3	4
	1	2	3	4
性を身につけてほしい	1	2	3	4
	1	2	3	4
・同じ環境で学んでほしい	1	2	3	4
同じ環境で参加してほしい	1	2	3	4
みんなと一緒に活動してほしい	1	2	3	4
	1	2	3	4
	1	2	3	4
る方だ	1	2	3	4
	1	2	3	4
	1	2	3	4
で障害の有無に関わらず一緒に暮らしてほしい	1	2	3	4
2 丸をつけた数字のみを足す → 合計				／60

就学先志向スケール

- 60 — 通常級
- 50
- 40 — 通級
- 30
- 20 — 支援級
- 10
- 0 — 特別支援学校

シートPDF版ダウンロードはこちら印刷して何度もお使いください

47

就学相談を申し込む

　就学相談の申し込みは、お住まいの自治体などから直接案内通知が来ることはありません。子どもの発達や障がいが気になる方や子どもの就学先を地域の学校以外で考えたい方は、療育施設で資料を目にしたり、園の先生から勧められたりすることがあると思うので、そこから保護者が自ら就学相談を申し込む必要があります。

「就学相談」と「個別就学相談」の違いはなに？

　就学相談は、特別支援教育を検討している保護者が大勢で全体の流れや概要を聞く場所で、80～100名くらいで実施されます。地域によっては、就学相談がなく、個別就学相談のみの場合もあります。

就学相談員ってどんな人？

　個別就学相談に進むタイミングで、それぞれに担当の就学相談員の方がつくことになります。

　就学相談員とは、自治体が採用し、元校長先生だった方や特別支援教員の方が役割を担っている場合が多いです。就学相談員の皆さんは、特別支援教育に携わっている人が多いですが、全員が相談のプロであったり、就学についてのプロであるわけではありません。皆さん、ご自身の経験や知識が元になっているため、相談員ごとに対応にばらつきがあるのが現状です。

 ## 個別就学相談を申し込む

　個別就学相談は、申し込みがあった人を対象に行われます。申し込み方法は、大勢での就学相談の時に案内がある、もしくは、就学相談と同様の方法で保護者が自ら就学相談を申し込む必要があります。

当日準備しておくこと

　当日は、お子さんの様子や就学先について考えていること、悩んでいることを書き出して臨みましょう。自治体によっては、記入して持参する「就学支援シート」や「面談表」が用意されている場合もありますが、記入項目が統一されておらず、記入が難しい傾向にあります。そんな時は、次のアドバイスを参考に情報整理をしてみることをお勧めします。

個別就学相談申し込み時のシート記入アドバイス

記入項目 希望する就学先

この時点では、決まっていない・相談したいと思っている方が大半だと思います。現時点での希望を明らかにするためには、P44の「ToDo パートナーと話し合い、就学先を決める」の「モヤモヤ整理シート」を一度記入してみることをお勧めします。
また、現時点では就学先が定まっていない場合は空欄でも構いませんし、一つに決めることが難しい場合は複数校書いて、相談しましょう。

記入項目 現在の子どもの様子

家庭での様子を記入した後に、園の先生や療育の先生に、どんなことを記入すると良いか聞いてみるといいでしょう。就学相談員に伝えるべきポイントや家庭では見えない様子を教えてくれます。

記入項目 成長・発達について

まずは、母子健康手帳を参考に記入しましょう。その後、現在、保育園や幼稚園で先生がサポートしてくれている着替え・食事の内容や、療育センターでの言語指導や難聴への配慮など、今後小学校でも継続的なサポートが必要なものがあれば、園の先生や療育の先生に内容を確認したうえで、記入しておきましょう。
また、医療的ケアが必要な場合は、かかりつけ医に今後学校で必要な支援を確認し、必要な支援内容を記載してもらいましょう。

記入項目 愛の手帳・障害者手帳・療育手帳の有無

基本的には、手帳の有無によって就学先を定められることはありません。伝えることに抵抗があったり、手帳があることによって希望の就学先と異なる学校を強く勧められる可能性があったりする場合、有無の記載をする必要はありません。
万が一、手帳を理由に就学先を定められるようなことがあれば、お住まいの地域の議員さんやP80〜81の専門家に相談するといいでしょう。

いずれも記入に際し、可能であれば事前に同じ地域で就学活動をした先輩に就学相談員の対応や自治体としての文化などの話を聞いてみて、参考にできるとより安心です。

放課後施設を見学する

　放課後施設の申し込みは年長の冬頃に行いますが、この時期から小学校と併せて検討しておくことで、小学校と放課後施設の役割をバランスよく検討できたり、申し込みに余裕をもって臨んだりすることができます。まずは、P16にある放課後の過ごし方の選択をみた上で、夫婦で話し合い、見学してみましょう。

放課後施設を見学する前に夫婦で話し合うべき2つのポイント

point1　放課後施設に求める役割はなに？

> 学校は、障害のある子同士の関わりが
> 多いから、地域の子どもと
> 一緒に過ごす環境がいいな

> 学校は、発達に特化した療育が
> 不十分だから、障害にあった発達を
> 支援してくれるといいな

　放課後施設は、地域の子どもが通っている施設、障害に合わせた発達を専門家がサポートしてくれるような施設、英語やダンスなどの学習に力を入れている施設など、施設によって特化していることが異なります。そのため、子どもに体験させたいこと、学ばせたいことを考え、小学校では難しいことを放課後施設で補うことも考えてみましょう。

point2　働き方・金銭面を踏まえるとどんな施設がいい？

> 私も帰りが遅くなることがあるから、
> なるべく遅い時間まで預かって
> くれるところがいいな

> 習い事もさせたいから、
> 放課後施設でやりたいことが
> あれば一石二鳥だね！

　放課後施設は、預かり時間や価格帯も様々です。パートナー同士の働き方を考えると預かり時間や送迎はどんなものがいいか、家計としてどのくらいかけることができるかなど、それぞれの家庭環境によって選ぶこともとても重要です。夫婦で話し合うことができれば、この日はどちらが迎えに行くか、など具体的な役割分担もイメージすることができます。

ワンランクアップ！ナレッジコラム

column No.4　障害者差別禁止！「障害者基本法・障害者差別解消法」

　校長先生に面会するも、受け入れにはあまり積極的ではない様子。現在在学している、障害のある生徒の運動会や遠足などへの参加状況を尋ねてみると「どの行事も、親御さんの付き添いを前提としています。付き添いが難しければ、支援級に所属してくださいそうしたら、支援が受けられますよ」とのこと。

　そこですかさず、「でも、障害者基本法では、どの場で学ぶかは保護者の意思を最大限尊重することになっています。それに障害者差別解消法では、学校には合理的配慮の義務があるはずですが、何か協力してもらえないですか？」と尋ねてみた。

　すると、校長先生の顔色も変わり、少し学校側で検討してみると言ってくれた。

障害者の法律について詳しく知りたい方は、
東京都文京区議員・フリージャーナリスト / 海津敦子さんの
インタビュー記事も併せてご覧ください

【障害者基本法】

　障害者の権利保護と社会参加を促進する法律。第四条「障害を理由として、差別することその他の権利利益を侵害する行為をしてはならない」、第十六条「障害者である児童及び生徒が障害者でない児童及び生徒と共に教育を受けられるよう配慮」と明記されています。

【障害者差別解消法】

以下の表の通りそれぞれの立場で禁止・義務とされていることが記されています。

	行政機関等（国公立の学校含む）	事業者(私立学校・民間療育施設等)
不当な差別	禁止	禁止
合理的配慮提供	義務	努力義務　※ （雇用の場合は義務。 障害者雇用促進法を参照）
差別・配慮についてのガイドラインの作成 （対応要領・対応指針）	国：義務 自治体：努力義務	担当省庁・機関が 対応指針を作成

※2024年4月より義務化

障害者基本法全文 　　障害者差別解消法全文

ステージ3で出会うトラブル

就学相談の時、
決まったことしか教えてくれない相談員 **オキマリ**さん

慣習に沿った就学先へ仕向けてくる相談員
シムケールさん に遭遇するかも…！

遭遇した時の
シミュレーション
動画を見る

今日は就学相談の日！学校の様子や、希望の学校に行くために
必要なことを教えてほしいな。本日はお願いします。あそこの
学校とこっちの学校、生徒の様子はどのような感じでしょうか？

えっと、
そうですね。

制度上はこのような違いがあ
ります。この学校は特別な免
許を持った先生がいて、こっ
ちの学校はそのような免許を
持っていない先生もいます。

う～ん。それは、私も
調べて知っていること
なんだけどなぁ。

あ、ちょっと
失礼！失礼！

 やっぱり専門性の高い学校に行
くべきだと思いますがね～！
ね！？見学もできますよ！

でもその学校、家から遠いし、
お友達もいないし。もう一方の
学校も気になってるんだけど…。

相談員と思うような相談ができず
もやもやしたり、相談員が
自分の考えや思想を押し付けてきたりする時、
どうすればいいんだろう ...

決まったことしか教えてくれない相談員
オキマリさん
慣習に沿った就学先へ仕向けてくる相談員
シムケールさん に遭遇した場合の
"こうしよう"術

スイッチ
の術

相談員さんが2名以上いれば、担当を変えてもらう

　同じ自治体に住む先輩や同じ時期に就学相談をしている人、相談員の上司の方に聞くと、相談員さんが他にもいるかわかるので、上司の方に変更をお願いしてみましょう。

プロニタヨル
の術

考えが自分に合っているNPO団体や親の会に相談する

　障害種別ごとの団体やインクルーシブ教育に取り組む団体がありますので、相談してみるといいでしょう。ただし、団体ごとの考えが異なるため、いくつか相談してみて、自分の考えに近く、必要な情報を得られる団体を見つけてみましょう。

プロニタヨル
の術

教育や福祉などの考えが自分に合っている
地域の議員さんに相談する

　実際、議員さんへの連絡は緊張したが、とにかく「困ってます」とメールをしたら、こちらの状況を汲み取り、ほしい情報を教えてもらえたという方もいます。子どもの成長に合わせて、折に触れて頼れる人が地域にいてくれることは、今後の安心にもなります。

こんなトラブルに遭遇した時、あなたなら
どんなこうしよう術ができそうか考えてみよう！

この時期は、学校をしっかり見ることが重要です。自分の子どもが学ぶ環境として、具体的にどうなっているのか？必要なものは何か？などと度々考えることでしょう。

　うまくいかない時は、じっくり相手と話したり、詳しい先輩家族や専門家に頼ることを意識しましょう！

 ✓ToDo **やることリスト**

☑ パートナーと話し合い、子どもに合った学校環境を考える

☑ 学校見学に行き、複数の学校を比較する

☑ 学校見学にもう一度いく

☑ 就学希望の小学校の校長先生に会う

（!）　**ステージ4で出会うトラブル**

粛々と学校案内を進めてくる
小学校の先生
ススメール先生に遭遇

▶ P66

様々な理由をもとに
受け入れに消極的な校長
デキヌー校長に遭遇

▶ P68

ToDo

子どもに合った学校生活を考える

 子どもに合った学校生活を検討するための
学校生活かんがえるシート 記入例

検討項目	詳細
通学	1. 通学時間は何分以内のところがいい？ 通学方法は、徒歩・バス・送迎等、何が望ましい？
友達	2. 園・療育施設・習い事・ご近所等、 どのような関係性のお友達がいることが望ましい？
保護者仲間	3. 園・療育施設・習い事・ご近所等、 どのような関係性の保護者がいることが望ましい？
放課後施設 へのアクセス	4. 放課後デイサービス・学童等へのアクセスは、 何分以内のところがいい？徒歩・バス・送迎等、何が望ましい？
学校内環境	5. 靴の置き場所・登校する場所・荷物置き場は、 他の生徒と一緒か別かどちらが望ましい？
学校生活	6. 給食・掃除・係活動・朝の会・帰りの会などは、 他の生徒と一緒か別かどちらが望ましい？
	7. 給食は、温めたり、細かくしたりするなど、どんな食べやすくする加工が必要？
授業実施状況	8. 国語・算数等は、通常級の生徒と一緒か別かどちらが望ましく、 そのために必要な支援はある？
	9. 音楽・体育・図工・家庭科等は、他の生徒と一緒か別かどちらが望ましく、 そのために必要な支援はある？
行事実施状況	10. 入学式・卒業式は、他の生徒と一緒か別かどちらが望ましい？
	11. 運動会・音楽会・校外学習、遠足などは、他の生徒と一緒か別かどちらが望ましい？
基礎的環境整備	12. 音声教材・拡大教科書・UD教科書フォント等、子どもに必要な支援はなに？
	13. エレベーター・スロープなど、子どもに必要な設備はなに？
	14. 洋式・和式・だれでもトイレ、子どもに望ましいトイレはなに？
	15. 一人で落ち着ける場所や発散できる場所がある・ないのどちらが望ましい？

 シートを終えたあなたに一言！ その他にも高学年の授業の様子を見て難易度が子どもに適しているかを確認したり、通っている子がどのような工夫をしているのか聞いてみたりするといいでしょう。現状、できていないことやないものがある場合は要望を伝えたり相談したりすることも可能です。子どもにとって学び育ちやすい環境を考えてみましょう！

学校見学に行く前に、子どもにとって望ましい学校生活を考えてみましょう。
学校生活の様々な場面で、子どもがどう育ってほしいかを考えることが大切です。

このシートは、学校見学前に使用するシートです。このシートを使うことで、自分の子どもにとって望ましい学校生活はどんなものかを整理することができ、学校見学で確認する点を明らかにできます。
検討項目・詳細を読み、あなたの「子どもにとって望ましい状況」を書いてみましょう。

子どもにとって望ましい状況 ＼ママパパで話し合おう！／
徒歩で自力でいけるくらい近いところ
保育園のお友達がいるところがいい
話しやすい近所の〇〇さん、子どもが同じ療育に通っている〇〇さんがいるといい
10分以内で徒歩でいけると良い 学童に〇〇ちゃんと一緒にいけないかも相談
分かれず一緒がいい
一緒がいい。分かれていたら一緒にしてほしい
硬いものは食べにくいので小さくしたりしてもらえるとありがたい
低学年のうちはなるべくみんな一緒がいいが、高学年になったら少人数の学習になるとありがたい
一緒がいいが、危険なものは支援員のサポートがあるとありがたい
一緒がいい。分かれているなら一緒にしてほしい
一緒がいい
高学年になったらデジタル黒板でフリガナがあったほうがいいが、ないならなくてもなんとかなる
スロープがある方がいい
和式は苦手なので、洋式トイレがあるほうがいい
あった方がいい。ない場合は、保健室の活用ができるか確認したい

シートの詳しい書き方を動画で見る

子どもに合った学校生活を検討するための
学校生活かんがえるシート

検討項目	詳細
通学	1. 通学時間は何分以内のところがいい？ 通学方法は、徒歩・バス・送迎等、何が望ましい？
友達	2. 園・療育施設・習い事・ご近所等、 どのような関係性のお友達がいることが望ましい？
保護者仲間	3. 園・療育施設・習い事・ご近所等、 どのような関係性の保護者がいることが望ましい？
放課後施設 へのアクセス	4. 放課後デイサービス・学童等へのアクセスは、 何分以内のところがいい？徒歩・バス・送迎等、何が望ましい？
学校内環境	5. 靴の置き場所・登校する場所・荷物置き場は、 他の生徒と一緒か別かどちらが望ましい？
学校生活	6. 給食・掃除・係活動・朝の会・帰りの会などは、 他の生徒と一緒か別かどちらが望ましい？
	7. 給食は、温めたり、細かくしたりするなど、どんな食べやすくする加工が必要？
授業実施状況	8. 国語・算数等は、通常級の生徒と一緒か別かどちらが望ましく、 そのために必要な支援はある？
	9. 音楽・体育・図工・家庭科等は、他の生徒と一緒か別かどちらが望ましく、 そのために必要な支援はある？
行事実施状況	10. 入学式・卒業式は、他の生徒と一緒か別かどちらが望ましい？
	11. 運動会・音楽会・校外学習、遠足などは、他の生徒と一緒か別かどちらが望ましい？
基礎的環境整備	12. 音声教材・拡大教科書・UD教科書フォント等、子どもに必要な支援はなに？
	13. エレベーター・スロープなど、子どもに必要な設備はなに？
	14. 洋式・和式・だれでもトイレ、子どもに望ましいトイレはなに？
	15. 一人で落ち着ける場所や発散できる場所がある・ないのどちらが望ましい？

 シートを終えたあなたに一言！ その他にも高学年の授業の様子を見て難易度が子どもに適しているかを確認したり、通っている子がどのような工夫をしているのか聞いてみたりするといいでしょう。現状、できていないことやないものがある場合は要望を伝えたり相談したりすることも可能です。子どもにとって学び育ちやすい環境を考えてみましょう！

このシートは、学校見学前に使用するシートです。このシートを使うことで、自分の子どもにとって望ましい学校生活はどんなものかを整理することができ、学校見学で確認する点を明らかにできます。検討項目・詳細を読み、あなたの「子どもにとって望ましい状況」を書いてみましょう。

子どもにとって望ましい状況	＼ママパパで話し合おう！／

PART 2 ステージ 4

シートPDF版ダウンロードはこちら印刷して何度もお使いください

ToDo

学校見学に行き、複数の学校を比較する

 就学先決定のための
学校みくらべシート 記入例

1 学校生活かんがえるシートで記入した「子どもにとって望ましい状況」を書き写す

検討項目	子どもにとって望ましい状況
通学	1. 徒歩で自力でいけるくらい近いところ
友達	2. 保育園のお友達がいるところがいい
保護者仲間	3. 話しやすい近所の〇〇さん、子どもが同じ療育に通っている〇〇さんがいるといい
放課後施設へのアクセス	4. 10分以内で徒歩でいけるといい 学童に〇〇ちゃんと一緒に行けるかどうかも相談
学校内環境	5. 分かれず一緒がいい
学校生活	6. 一緒がいい。分かれていたら一緒にしてほしい
	7. 硬いものは食べにくいので小さくしたりしてもらえるとありがたい
授業実施状況	8. 低学年のうちはなるべくみんな一緒がいいが、高学年になったら少人数の学習になるとありがたい
	9. 一緒がいいが、危険なものは支援員のサポートがあるとありがたい
行事実施状況	10. 一緒がいい。分かれているなら一緒にしてほしい
	11. 一緒がいい
基礎的環境整備	12. 高学年になったらデジタル黒板でフリガナがあったほうがいいが、ないならなくてもなんとかなる
	13. スロープがある方がいい
	14. 和式は苦手なので、洋式トイレがあるほうがいい
	15. あった方が良い。ない場合は、保健室の活用ができるか確認したい

希望就学先	A 小学校

6 5で最も数が大きい学校を「希望就学先」に書く

 シートを終えたあなたに一言！ 先生の印象で決めず、学校の文化や環境を見て判断しましょう。子どもの希望状況に応じて、大切な点が近しい学校を選び、不十分な点は学校と相談してより良い環境を整えましょう。

色々な学校を見学しましょう。就学希望でない学校も見学すると、なぜその学校には行かないかが明確になり、一層就学希望の学校の良さを知ることにもなります。

このシートは、学校見学時に使用するシートです。このシートを使うことで、就学先となる学校の状況を明らかにして比較検討でき、子どもに合った就学先を決めることができます。1〜6のステップに従って記入してみましょう。

2 学校1〜3に就学先候補の学校名を記入する

3 学校の状況を調べたり、見学したりして記入する

4 3校を比較し、自己評価1点・2点・3点をつける（3点＝最も望ましい）

学校1 A 小学校（通常級）		学校2 B 小学校（支援級）		学校3 C 小学校（特別支援学校）	
学校の状況	自己評価	学校の状況	自己評価	学校の状況	自己評価
徒歩5分	3点	徒歩7分、坂多め	2点	バス、朝7時に出発	1点
いる	3点	いる	3点	いない	1点
いる	3点	いないが、顔見知りの人がいる	2点	知り合いはいない	1点
いける	3点	いける	3点	移動支援が必要	1点
通常級の生徒と一緒	3点	通常級の生徒と別	1点	そもそも通常級の生徒がいない	1点
通常級の生徒と一緒	3点	通常級の生徒と別	1点	そもそも通常級の生徒がいない	1点
前例はないが、先生に尋ねたところ対応してくれそう	2点	前例はないが、先生に尋ねたところ難しそう	1点	前例もあり、対応してれる	3点
低学年は一緒で、個々のタイミングで少人数の学習に変更可	3点	1年生の時から教室が分かれた少人数学習	1点	そもそも通常級の生徒がいない	1点
通常級の生徒と一緒	3点	通常級の生徒とは別	1点	そもそも通常級の生徒がいない	1点
通常級の生徒と一緒	3点	通常級の生徒とは別	1点	そもそも通常級の生徒がいない	1点
通常級の生徒と一緒	3点	通常級の生徒とは別	1点	そもそも通常級の生徒がいない	1点
ない	1点	音声教材・拡大教科書あり 他の導入にも柔軟	3点	デジタル黒板を使用している	2点
ない	1点	一部ある	2点	ある	3点
和式が多い	1点	和式と洋式が半分ずつくらい	2点	すべて洋式	3点
ないが、先生に尋ねたところ保健室が活用できそう	2点	なく、先生に尋ねたところ保健室の活用は難しそう	1点	ある	3点
	37点		25点		24点

5 学校ごとに自己評価の点数を足す

シートの詳しい書き方を動画で見る

就学先決定のための
学校みくらべシート

1 学校生活かんがえるシートで記入した「子どもにとって望ましい状況」を書き写す

検討項目	子どもにとって望ましい状況
通学	1.
友達	2.
保護者仲間	3.
放課後施設へのアクセス	4.
学校内環境	5.
学校生活	6.
	7.
授業実施状況	8.
	9.
行事実施状況	10.
	11.
基礎的環境整備	12.
	13.
	14.
	15.

希望就学先	

6 5で最も数が大きい学校を「希望就学先」に書く

シートを終えたあなたに一言! 先生の印象で決めず、学校の文化や環境を見て判断しましょう。子どもの希望状況に応じて、大切な点が近しい学校を選び、不十分な点は学校と相談してより良い環境を整えましょう。

このシートは、学校見学時に使用するシートです。このシートを使うことで、就学先となる学校の状況を明らかにして比較検討でき、子どもに合った就学先を決めることができます。1～6のステップに従って記入してみましょう。

2 学校1～3に就学先候補の学校名を記入する

3 学校の状況を調べたり、見学したりして記入する

4 3校を比較し、自己評価1点・2点・3点をつける（3点＝最も望ましい）

学校1		学校2		学校3	
学校の状況	自己評価	学校の状況	自己評価	学校の状況	自己評価
	点		点		点
	点		点		点
	点		点		点
	点		点		点
	点		点		点
	点		点		点
	点		点		点
	点		点		点
	点		点		点
	点		点		点
	点		点		点
	点		点		点
	点		点		点
	点		点		点
	点		点		点
	点		点		点

5 学校ごとに自己評価の点数を足す

シートPDF版ダウンロードはこちら印刷して何度もお使いください

63

ToDo

学校見学にもう一度いく

　学校見学を終え、就学希望先の学校が見えてきましたか？学校みくらべシートを元に、見学した内容を夫婦で振り返り、理解を補い合うとともに、もう一歩踏み込んだ具体的な質問や相談がないか話し合いましょう。そして、追加の質問や相談があれば、もう一度学校見学にいくことをお勧めします。

もう一度学校見学にいく前に、夫婦で話し合うべき2つのトピック

手元に、「学校みくらべシート」を用意して、話し合ってみよう。

topic1 学校見学ではわからなかったこと

> 見学した学校に、うちの子と同じような
> 聞こえについて困りごとを
> 感じている子っているのかな？

追加で確認する方法を考えよう
・聞こえの困りごとのある子どもがいないか学校に電話して尋ねる
・その学校に通う先輩家族に聞いてみる
・学校に別日の見学を依頼し、聞こえについて困りごとのある子の授業風景を見学する

topic2 学校見学で現状を知り、具体的に学校と調整したいこと

> 見学した時、音声教材・拡大教科書は、
> 授業で使っていなかったけど、
> うちの子が入学する時に取り入れてもらえないかな？

相談したいことをまとめよう
・担当の先生や校長先生に、教材を取り入れてもらえないか相談する
・他地域での取り入れ事例を調べ、事例を元に学校に相談する
・教材費が高くなる、現在使用していない生徒にも良い点があるなど、取り入れる場合の学校側のメリット・デメリットを考えておく

> もし、この時点で夫婦間・家族間で情報格差がある場合は、このタイミングできちんと進捗共有をすることをお勧めします！

ToDo 就学希望の小学校の校長先生に会う

　就学活動がうまく進まない時は、校長先生に会ってみましょう。学校は、校長先生の考え方が校風や教育方針に影響していることが多いので、会って話してみることで学校全体がどのような考え・方針なのかを感じ取れることでしょう。

　また、早めに校長先生に子どもを知っておいてもらうことや丁寧に受け入れの相談をしておくことで、希望とは異なる学校の判定が出た場合に、家族側に立って意見をしてくれ、入学を後押ししてくれる心強い仲間となってくれることもあります。

校長先生と面会日を調整する方法

- 学校に、校長先生宛てで電話をする
- 学校見学時に、副校長先生や指導員の先生に調整をお願いする
- 就学相談員に学校への連絡をお願いする

校長先生への相談事例

この学校に就学したいと考えています。先日の学校見学で授業の様子を拝見したのですが、うちの子はどのような感じで授業をうけることになるのでしょうか？

お子さんの様子を見ながら体制を整えましょう。私も授業の様子を見に行きますし、担任とも連携をとっていきますね。不安があるようでしたら親御さんも授業の様子を見に来られてはいかがですか？

校長先生によっては、入学に前向きでない言葉をかけられることもあります。そんな時、ショックを受けないように、P68のトラブルを見ておきましょう！また、先生とのやり取りを上手に行った先輩の記事からも学んでみるのをお勧めします。

株式会社 FinCube 代表取締役 / 経済キャスター
長谷部真奈見さんのインタビュー記事はこちら

ステージ4で出会うトラブル

 学校見学の時、
粛々と学校案内を進めてくる小学校の先生

ススメール先生 に遭遇するかも…！

遭遇した時の
シミュレーション
動画を見る

今日は学校見学の日！学校での授業の様子はもちろん施設の様子もしっかり見ないと…！

 こんな様子で授業をしています。

 スタスター…　ササー…
　　　スタスター…　　　スタスター…　ササー…
　　　　　　　　スタスター…

 何か質問はありますか？

え～と…

 …ありませんね、では次にいきます。

 スタスター…
　ササー…

あれ？もう終わり？
そんなすぐに質問できないよ…

 先生が説明してくれたけど、
なんとなくしか分からなかった時、
どうしたらいいんだろう …

粛々と学校案内を進めてくる小学校の先生

ススメール先生 に遭遇した場合の

"こうしょう"術

パートナートトモニ
の術

パートナーや先輩と相談して、
事前に質問したいことを用意しておく

学校見学ではたくさんのことを見聞きするので、その中で自分の聞きたいことを見失わないように、事前に学校生活をイメージでして質問を用意していくといいでしょう。

スイッチ
の術

通常の授業や行事の日など、別日に再度見学をお願いする

学校見学会は、団体観光ツアーのようで、個人的な子どものことを質問しづらかったという声をよく聞きます。別日にお願いする場合、見学したい授業を伝えたり、見学後に十分な質問時間をとってもらうことをお願いしたりすることもできます。自分が気になるところを重点的に見学したり、リアルな子ども同士の関わり合いを見るたりすることも可能です。

スイッチ
の術

学校見学を案内してくれた先生ではなく、
案内の最中に周りにいた先生に質問してみる

学校見学の時、大抵は何人かの先生がいて、周りにいる先生も親身になって答えてくれる場合もあります。また、気になることは同じ質問を何人かの先生にしてみると、人によって回答が違う場合もあります。その場合は、学校の文化として定まっていないものと理解しておくといいでしょう。

こんなトラブルに遭遇した時、あなたなら
どんなこうしょう術ができそうか考えてみよう！

ステージ4で出会うトラブル

校長先生に会う時、
様々な理由をもとに受け入れに消極的な校長

デキヌー校長 に遭遇するかも…！

遭遇した時の
シミュレーション
動画を見る

校長先生と話す機会ができた！うちの子もこの学校に入りたいです。給食の時間など個別でサポートが必要なこともあると思いますが、よろしくお願いします。

ん～…
難しいですねぇ～

ん～、いまの落ち着きがない様子だと
本校で十分な学力をつけるのは難しいかと。
他の子に迷惑をかけても学校側は責任をとれませんし、
そのようなことをきっかけにいじめられることも…
もちろん、受け入れができないわけではないのですが…

なんでそんなこと
を言うんだろう？

すごく偏見を感じる。はっきりと断りはしないけどきっと受け入れてくれないんだろうな…

校長先生が学力やいじめ・差別を前提に話し、
子どもの受け入れに積極的ではない時、
どうしたらいいんだろう …

様々な理由をもとに受け入れに消極的な校長
デキヌー校長に遭遇した場合の
"こうしよう"術

ズバリの術

学校生活において重視していることをはっきりと伝える

「自分の子どもには、学力向上より子ども同士の交流の方が大事」とはっきり伝えたことで、学校の対応が変わったという方もいます。学力、集団生活、友達との交流など、何が一番重視したいポイントなのかを言語化し伝えましょう。

ナカマニソウダン
の術

他の自治体での受け入れ事例を具体的に話し、同じような配慮を頼む

学校側もどのような対応をするのがいいのかわからず、「それはできません」「前例がない」といってしまう場合があります。具体的にこうしてほしいと伝えると、学校側もその環境をどう実現するかに向けて動いてくれることがあります。

オキテヅカイ
の術

就学相談の制度・法律に詳しい保護者支援団体の方に相談して介入してもらう

相談できる団体があるかどうか、先輩や療育の先生に聞いてみるといいでしょう。まずは団体の方に聞いて相談方法のアドバイスをもらい、自身で学校と話してみて、それでも対応が難しそうであれば、団体の方に間に入ってもらうといいでしょう。

スイッチ
の術

あまりにも理解がない場合は、就学先の変更を検討する

校長先生の態度がとても威圧的で理解が乏しいと感じ、今後の学校生活のことを考えて、より理解のある学校に就学先を変更したという方もいます。ただし、校長先生には任期があるため、在籍何年目かなどの情報も考慮して判断しましょう。

こんなトラブルに遭遇した時、あなたなら
どんなこうしよう術ができそうか考えてみよう！

PART 42 ステージ

PART3 準備編
小学校入学準備

ステージ6
年長 冬～春

年長
秋～冬

ステージ5
観察・検査を受ける

ステージ4
年長 夏～秋

ステージ3
年長 春～夏

ステージ2
年中 秋～冬

PART2 実践編
就学活動を
はじめよう

PART1 知識編
就学活動
6つのギモン

ステージ1
年中 春～夏

　就学活動も終盤。たくさん考えたり、いろんな人と会って話したりして、疲れは溜まっていませんか？きっと、就学活動中は、気持ちが落ち込むこともあるはずです。

　でもそんな時は、子どもの成長を信じてみましょう。子どもの成長も踏まえて少し大きな気持ちで考えることを忘れずに。

 ## やることリスト

- ☑ 就学活動中に行われる観察・診断について知る

- ☑ 発達検査・知能検査を受ける

- ☑ 判定委員会の準備をする

⚠ ステージ5で出会うトラブル

**その時の状況や障がい
だけで断定する心理士
ドクター・ダンテイに遭遇**

▶ P74

就学活動中に行われる観察・診断について知る

　観察・診断には、以下のようなものがありますが、お住まいの自治体によって、すべて実施する場合、一部を実施する場合など様々です。実施するものや内容については、就学相談員の方に確認してみましょう。

就学前施設観察

　子どもが通っている保育園や幼稚園を自治体の方が訪問し、集団生活の様子をみたり、保育士へ子どもについての聞き取りをしたりします。申し込みや観察の日程調整などはなく、一定の期間内に終えられ、終了のお知らせもありません。観察・聞き取りした内容は、今後の判定委員会（P73）における検討要素となります。

グループ観察

　障がいのある子どもが集まり、グループで行う観察です。就学相談員より、日時・場所の案内があり観察日が決まります。後に判定委員会（P73）の検討要素となるので、不安な方は、就学相談員に観察内容を聞いておいたり、子どもが初めての場所で戸惑わないようきちんと行うことを伝えたりするなどしておくと安心です。

就学前健康診断

　翌年度4月入学の子どもを対象に市区町村が実施する健康診断で、10月頃に案内用紙が届き10月上旬～11月上旬に実施されます。内容は、身長・体重・視力・聴力といった基礎的な健康診断などです。本来、判定委員会の要素にはなりませんが、稀に結果を理由に特別支援学校を勧められたり、入学を拒まれる場合があります。心配な方は、事前にかかりつけ医や自治体、学校と相談してみましょう。なお、診断の申し込みをしなくても問題ありません。

 ## 発達検査・知能検査を受ける

　発達検査は、医師や臨床心理士が1時間程度で行う検査です。検査方法の代表的なものは、「田中ビネー知能検査」や「WISC－Ⅲ知能検査」などがあります。自治体が定めている検査を受けるかどうかは自由です。かかりつけ医がいる場合は相談して、自治体指定の検査を受けるかどうかを決めましょう。

検査方法と内容

　「田中ビネー知能検査」「WISC－Ⅲ知能検査」のいずれも、以下のような検査項目・内容を元に検査し、最終的に子どもが何歳くらいのIQかが判定されます。

- 検査方法：医師（臨床心理士）と子どもが一対一で、会話や玩具を用いて検査する
- 検査項目：言語理解力、論理思考能力、空間認識能力、記憶力、情報処理速度など
- 検査内容：複数の絵の中から言われたものを指差す、丸・三角・四角の積み木を同じ形の穴にはめる、見本と同じように積み木を積む、半分に分かれた絵を組み合わせるなど

検査を受ける場所

発達検査は、自治体の指定の場所で受けることができます。かかりつけ医など通い慣れているところで検査を受けて、結果を就学相談員に提出しても構いません。

検査を受ける際の心構え

診断はあくまでも短時間での結果にすぎません。子どもは成長しますし、検査結果だけで就学先が決まることはないので、結果を受けてどのように就学活動を進めていくか、学校生活で何を目指すのか、などを改めて考える機会として捉えましょう。

判定委員会の準備をする

10月に入ると、これまでの就学活動を踏まえて、教育委員会・行政の担当者が、子どもの就学先を正式に決定するための判定委員会を開きます。この委員会には、保護者は出席しません。保護者は、判定委員会が開かれる前に以下の書類を準備する必要があります。

判定委員会に必要な書類

- 医師の診断書
  かかりつけ医より、生育歴などが記入された診断書をもらう必要がある。個別就学相談の申し込み時に類似のものを記入している可能性もあるため、過去の資料を確認する。診断書に障害名や特徴などをどう記載するか医師に相談する。

- 発達検査結果
  発達検査を受けた時に受け取る書類。自治体で発達検査を受けた場合は、判定委員会に共有している場合もあるため、準備の必要があるかどうか相談員に確認する。

- 初回の就学相談時の相談書・面談書の更新版（任意）
  相談書・面談書を更新したものを用意することをお勧め。判定要素として、これまでどのような考えで就学活動を進めてきたのかを伝える資料となる。

ステージ5で出会うトラブル

発達検査の時、
その時の状況や障がいだけで断定する医師・心理士

ドクター・ダンテイさん

に遭遇するかも…！

遭遇した時の
シミュレーション
動画を見る

今日は発達検査の日。正直不安はあるけれど、
きちんと子どものことを見てくれる専門家の人
の判断も大切だよね。

はい、わかりました。

お子さんの知的のレベルはこのくらいで
障害のレベルはこのくらいです。
なので、この結果です。

この短時間でそこ
まで断定するの？

障がいのイメージで判断してない？それ
に、今日は朝から機嫌が悪くてうまくで
きなかったし、子どもは成長するのに…

心理士が短い時間で検査をし、

判断結果をみてショックを受けた時、

どうしたらいいんだろう …

その時の状況や障がいだけで断定する医師・心理士

ドクター・ダンテイさん に遭遇した場合の

"こうしよう"術

スイッチ
の術

別の診断方法や別の医療機関の先生の診断を再度受ける

実際、信頼する療育の先生に相談して、別の診断方法や心理士の先生を紹介してもらったところ、結果も異なり、判定だけではなく今後に向けてのアドバイスをもらうことができたという方もいます。

プロニタヨル
の術

検査方法を詳しく知る先輩やかかりつけ医に
結果を見てもらい意見を聞いてみる

実際、検査に詳しい先輩が、この結果になった理由を話してくれたり、結果にショックを受けた気持ちに共感してくれたりしたことで、すごく気持ちが楽になったという方もいらっしゃいます。また、かかりつけ医に相談してみたら、これまでの子どもの成長を踏まえて診断の受け止め方を教えてくれて、とても安心したという方もいます。

スイッチ
の術

長期的な目線で考え、今後の成長を捉える要素だと考える

1時間しか見ていない人が言っていることだと割りきり、この結果を参考に「これから通う学校ではどんな生活が送れるといいのか」と考える方向に思考を変えると、診断結果をプラスに捉えて前に進むことができます。

こんなトラブルに遭遇した時、あなたなら
どんなこうしよう術ができそうか考えてみよう！

PART3 準備編
小学校入学準備

年長
冬〜春

ステージ6
判定を受けて就学先を決定する

ステージ5
年長 秋〜冬

ステージ4
年長 夏〜秋

ステージ3
年長 春〜夏

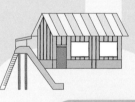

ステージ2
年中 秋〜冬

ステージ1
年中 春〜夏

PART2 実践編
就学活動を
はじめよう

PART1 知識編
就学活動
6つのギモン

ここまで本当によく頑張りました！　あとは就学先の決定を残すのみ。

　誰もが自分のためではなく、子どもがより学び成長できる環境を大人みんなで協力してつくるということを忘れずに、これまで築いた思いや意思をしっかり伝えましょう。

✓ToDo　やることリスト

☑ 判定結果を聞きに行く・合意形成をする

☑ 就学先決定通知を受け取る

☑ 放課後施設の申し込みをする

☑ 就学先が決まらない場合、法律の専門家に相談する

⚠ ステージ6で出会うトラブル

慣習に沿った就学先に
仕向けてくる相談員
シムケールさん

▶ P82

判定結果を聞きに行く・合意形成をする

判定委員会の書類提出後に、判定委員会で決まった就学先を聞きに行く場が設けられます。日程は、就学相談員から連絡があります。

当日までの準備
- 決まった日程にパートナーと参加できない場合、就学相談員に変更をお願いする
- 就学希望先を夫婦間で話し合って、意見をまとめておく
- これまでのやり取りで就学相談員と就学希望先が一致していない場合は、就学希望先の校長先生等に事前に相談しておく

判定結果別のこれからの活動の進め方

希望の就学先に就学が決定した場合
これまで就学活動を共にしてきた、就学相談員や学校の先生、療育の先生とも引き続き連携しながら、放課後施設等の検討に進みましょう。（放課後施設についてはP16を参照）

希望の就学先に就学が決定しなかった場合
就学相談員と再度話し合う場「合意形成」を行います。就学相談員と日程調整を行い、以下のようなやり取りを挟みながら、合意形成の場を持ちましょう。
- 判定委員会での判定内容をもらい、判定の根拠を確かめる
- 就学希望先の学校に行きたい意思を伝え、行けるためにはどうしたらいいかを相談する
- 就学希望先の校長先生と会い、受け入れ態勢を整えてもらう
- 判定先の学校の見学や先生と面談をする

就学先は保護者の意思が尊重されます。希望先と異なる判定が出た場合は、判定の理由を聞き理解をした上で家族や本人の意思を伝え、調整を図りましょう。

就学先決定通知を受け取る

　就学通知は、1月31日までに保護者の元へ自治体より郵送されることになっています。しかし、合意形成がうまくいかない場合、就学通知が1月31日を過ぎても届かないということが稀にあります。

　就学する学校が決まらない場合、放課後施設の選択も先延ばしになります。できるだけ早く決まるように、就学相談員や自治体に問い合わせましょう。それでも受け取りができない場合は、地域の議員さんやサポートをしてくれる団体に介入してもらいましょう。

放課後施設の申し込みをする

　見学に行った放課後施設の中から、最終的に申し込みをする放課後施設を決めて申し込みの手続きをしましょう。就学活動も終盤で精神的・身体的に疲れが出やすい時期かもしれませんが、この時期に申し込みをしそびれてしまうと、放課後に過ごす場所がなくなってまう恐れがあるので、忘れずに申し込みましょう。

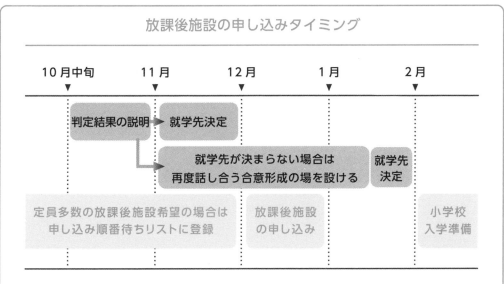

特に民間の放課後施設は、定員オーバーの場合、早めに申し込みをして順番待ちリストに登録してある人の中から通える人が順番に決まっていきます。早めの活動を心がけましょう。

就学先が決まらない場合、法律の専門家に相談する

　合意形成の場で、話し合いがうまく進まなかったり、希望する就学先への就学が見込めなかったりすることがあります。他にも、以下のような困難に直面した時には、法律や制度に詳しい専門家に相談しましょう。※ 2023年時点の情報となります

- 障がいのあるお子さんを希望する学校に通わせたいが、困難を感じている時
- 周囲の人から差別的な対応を受けた時
- 通常級、通級、支援級に通わせたいが、困難を感じている時
- 医療的ケア児に対する学校の受け入れ体制が不十分な時
- 希望する学校で合理的配慮がなされない時

障がいに関する法律・権利を提言している団体

DPI（障害者インターナショナル日本会議）

　障がい者の権利の実現を目指す運動を通して、すべての人が希望と尊厳をもって、ともに育ち、学び、働き、暮らせるインクルーシブな社会を創ることを目指す団体。障がい者本人が集まり、障がい種別を超えた活動を行う。

ウェブサイト

議長補佐 崔栄繁さん
インタビュー記事

障害者の自立と完全参加をめざす大阪連絡会議（障大連）

　障がい者の自立と完全参加を目指し、大阪を中心に活動する団体。長年の活動で、大阪での数々の事例を経験を元に意識改革を実施し、誰もが障がいについて理解のある考えを少しずつ築き上げている。

Tel 06-6748-0646
✉ npo-oil@mbd.nifty.com

事務局長 西尾元秀さん
インタビュー記事

障がいのある方への法律・条例を基に寄り添う団体

地域の議員さん

　お住まいの市区町村の議員さんで、特別支援教育や子育てと仕事の両立支援を掲げる方に相談すると、法律等に基づく支援に向け協力してくれることがある。議会HPに連絡先があるので問い合わせてみるのがお勧め。

東京都文京区議員・フリージャーナリスト海津敦子さん
インタビュー記事

第二東京弁護士会・東京弁護士会「就園就学ホットライン」

　障がいのあるお子さんの地域での育ちと学びを支援し、差別をなくすため、電話相談を行っている。実施日時が決まっているので、[就園就学ホットライン] と検索して日時を確認の上、相談してみよう。

相談可能な弁護士

- 弁護士　西村 武彦
  ルピナス法律事務所（北海道）
  Tel 011-251-0377

- 弁護士 原 香苗
  弁護士法人結の杜総合法律事務所 泉中央支店（宮城県）
  Tel 022-346-0063
  ✉ k-hara@yuinomori-law.com

- 弁護士　若林 亮
  法テラス千葉法律事務所（千葉県）
  Tel 050-3383-0000

- 弁護士 黒岩 海映
  南魚沼法律事務所（新潟県）
  Tel 025-777-4144
  ✉ mkuroiwa@mulo.jp

- 弁護士 大胡田　誠
  おおごだ法律事務所（東京都）
  Tel 03-6456-4987
  ✉ oogoda@oogoda-law.jp

- 弁護士 大谷恭子
  アリエ法律事務所（東京都）
  Tel 03-6869-3230

- 弁護士 黒松 百亜
  晴海協和法律事務所（東京都）
  Tel 03-3524-4800
  ✉ kuromatsu-law@par.odn.ne.jp

- 弁護士　河邉 優子
  東京共同法律事務所（東京都）
  Tel 03-3341-3133
  ✉ koube.yuko@gmail.com

  インタビュー記事

- 弁護士　樋口 裕子
  樋口法律事務所（東京都）
  Tel 03-3628-6024

- 弁護士 柳原 由以
  アリエ法律事務所（東京都）
  Tel 03-6869-3230

- 弁護士 水田 敦士
  米子東町法律事務所（鳥取県）
  Tel 0859-33-1019

- 弁護士 髙野 亜紀
  中西・髙野法律事務所（高知県）
  Tel 088-879-0217
  ✉ takano@nakanishi-takano.jp

ステージ 6 で出会うトラブル

 判定結果の時、
慣習に沿った就学先へ仕向けてくる相談員

シムケールさん に遭遇するかも…！

遭遇した時の
シミュレーション
動画を見る

今日は合意形成の日！ これまでしっかりと準備をしてきたし、最後、希望通りに進むといいなあ。うちの子は、どういう結果になったでしょうか？

そうですね。今回は…

今回は希望する学校よりも、こちらの学校に進学する方がいいと判断しました。
これまで同様の障がいをお持ちで通ってる子もいますし、安心ですよ。どうしても希望する学校に行きたいなら相当の覚悟と準備が必要です。

できますか？
大丈夫ですか？

これまでがそうだったからって、準備もしてきた私の意思は聞いてもらえないの？ 相当の覚悟って何？

相談員が親の希望や準備を汲み取らず、
慣習に沿った就学先への進学を仕向けてくる時、
どうしたらいいんだろう…

慣習に沿った就学先へ仕向けてくる相談員

シムケールさん に遭遇した場合の

"こうしょう"術

オキテヅカイ
の術

法律を引用し、「親の希望は尊重される」べきとはっきり伝える

　法律で定められていることは自分たちの権利として、はっきり主張してもいいのです。『障害者基本法』『障害者差別解消法』『文部科学省 就学相談・就学先決定の在り方について』の３つを根拠にあなたの主張を伝えましょう。（P51、84参照）

パートナートトモニ
の術

夫に同席してもらい、希望は家族の意見だと伝える

　夫が同席した途端、態度が変わり、受け入れる方向で話が進んだということもあります。そのためにも日頃からパートナーと協力体勢を整えておきましょう。

ズバリの術

希望先の校長先生に事前に相談し、校長先生が受け入れると言ってくれた旨を教育委員会に伝える

　「希望先の学校の校長先生をことを教育委員会に伝えると、希望の学校へ就学できる方向に話が変わった」ということもあります。協力的な校長先生と、事前に丁寧にコミュニケーションを取り、関係をつくっておきましょう。

スイッチ
の術

納得した上で、判定が出た学校に行く

　十分相談し納得の上であれば、判定がでた学校に就学することも良い選択です。判定校で不十分な部分があれば、就学相談員さんに療育・学童・放課後デイ・習い事・自治体行事などで補うことができないか相談して準備を進めましょう。

こんなトラブルに遭遇した時、あなたなら
どんなこうしよう術ができそうか考えてみよう！

ワンランクアップ！ナレッジコラム

column No.5 本人や親の意見を尊重する
「就学相談・就学先決定の在り方について」

　これまで就学活動をして、最終的には、地域の学校の通級に決めた。しかし判定は、支援級。学校見学をした上で検討したけれど、自分の子どもにはこの支援級の環境は合わなかった。そのことを伝えたけれど、教育委員会は「支援級に通わせるのが子どものため」と一点張り。

　そこで、「文部科学省の文言には、就学先は本人・保護者の意思を最大限に尊重するとあること、また本人も通常級のお友達の雰囲気の方が馴染みやすいと言っていること、親から見ても通常級の方が成長できると思っていることから、やはり通常級を希望します」とはっきり伝えた。すると、通級に通うためにはどうすればいいか考える姿勢になってくれた。

親の意思の尊重を実際に行った話を知りたい方は、
NPO法人 SUPLIFE 代表 / 井田美保さんの
インタビュー記事も併せてご覧ください

【文部科学省「就学相談・就学先決定の在り方について」】

　「就学相談・就学先決定の在り方について」とは、子どもや保護者、教育委員会、行政、学校等が就学活動を行うための指針を示したものです。「就学活動において、本人・保護者の意見を最大限尊重する」と明記されています。

（一部抜粋）
（2）就学先決定の仕組み
1. 就学先の決定等の仕組みの改善
就学基準に該当する障害のある子どもは特別支援学校に原則就学するという従来の就学先決定の仕組みを改め、障害の状態、本人の教育的ニーズ、本人・保護者の意見、教育学、医学、心理学等専門的見地からの意見、学校や地域の状況等を踏まえた総合的な観点から就学先を決定する仕組みとすることが適当である。その際、市町村教育委員会が、本人・保護者に対し十分情報提供をしつつ、本人・保護者の意見を最大限尊重し、本人・保護者と市町村教育委員会、学校等が教育的ニーズと必要な支援について合意形成を行うことを原則とし、最終的には市町村教育委員会が決定することが適当である。

文部科学省就学相談の在り方について全文

PART3 準備編
小学校入学準備

準備 **小学校の先生に子どものことを伝える**

 小学校入学のための
パーソナルシート 記入例

		いまの様子	協力してほしいこと・今後の成長目標
食事	食べ方：一人で食べる・⟨手助けが必要⟩		協力してほしいことを、魚など大きな塊は切ってあげてもらえると助かります
	使う道具：手づかみ・⟨フォーク⟩・⟨スプーン⟩・箸		お箸は難しいので、スプーンやフォークを使わせてほしいです
	食形態：⟨他の子どもと同じ⟩・食べやすく形態を変える		硬い物や大きなものは、食べられるが切ってもらえると助かります
	様子：落ち着いて食べる・⟨遊びながら食べる⟩・席を立つ		たまにふざけてしまいます。意識いただけると助かります
	好き嫌い：⟨ある⟩（ ピーマン、にんじん、硬いものが苦手 ）・ない		無理の無い範囲で食べさせてください
排泄	排尿：⟨トイレで一人でできる⟩・手助けが必要・おむつ		
	排便：⟨トイレで一人でできる⟩・手助けが必要・おむつ		一人でできるがきちんと拭けないことがあるので、確認してもらえると助かります
身支度	支度を始める：一人でできる・⟨声かけが必要⟩・苦手		切り替わりのタイミングがわかっていなさそうなら、声をかけてほしいです
	着替え：⟨一人でできる⟩・手助けが必要		
	着替え：ボタン、ファスナーなどの扱いが一人でできる・⟨手助けが必要⟩		片足で立つのが苦手でズボンを座ってはきます
	手洗い・うがい：⟨一人でできる⟩・手助けが必要		
	歯磨き：⟨一人でできる⟩・手助けが必要		一人でできるが、適当になるので、きちんと磨く声かけや一緒に行うなどの工夫をしてほしいです
集団生活	得意な状況（ 意思表示。意味の通じる言葉でなくても、どうしたいかはきちんと伝えられる ）		
	苦手な状況（ 言語コミュニケーション。相手が言うことは理解できるが、伝えることが難しい ）		
	みんなで行うことが好きな活動（ 歌ったり踊ったりすること ）		
	着席：⟨落ち着いて座る⟩・落ち着きがない・立ち歩く		姿勢維持が難しく、座ってられますが長時間になるとつらそうです
	順番：⟨待てる⟩・声かけが必要・苦手		たまに声をかけてほしいです
	活動の切替：スムーズに切替る・⟨声かけが必要⟩・苦手		活動の目的を事前に伝えてほしいです
	集団行動：⟨周囲と一緒に動く⟩・声かけが必要・苦手		支援員さんに見守ってもらえると、本人も安心してみんなと一緒に行動できるので、付き添ってもらえると嬉しいです

 シートを終えたあなたに一言！ すべて完璧を目指す必要はありません。このシートは、学年が上がる度に更新したり、担任の先生が変わる時に渡したりすると、成長の様子が引き継がれていくのでお勧めです！

子どもの様子を伝えておくと、就学先の先生も接し方やサポート方法がわかり安心します。これから共に学校生活をつくる先生と関係を築くはじめの一歩です。

記入する時は、小学校の先生に子どものいまの様子や考えを共有しましょう。記入する時には、これまでの子どものことをよく知る園の先生に助言をもらうのもお勧めです。

		いまの様子	協力してほしいこと・今後の成長目標
コミュニケーション	お友達との関わり：(得意)・苦手		得意ですが、慣れないと何を言ってるかわからないので、お友達との仲介をしてもらえると嬉しいです
	大人・先生との関わり：(得意)・苦手		得意ですが、慣れないと何を言ってるかわからないので、ゆっくりじっくり聞いてもらえると嬉しいです
会話	発話：(不明瞭)・イントネーションが独特・その他（　　　　　　　　　）		話すことは得意ですが、不明瞭で何を言ってるか通じないことがあります
	子どもの伝え方：言葉で伝える（文章・短文・単語）・(ジェスチャーや指差しで伝える)・行動や発声で伝える その他（　　　　　　　　　）		発話が不明瞭なので、身振り手振りで伝えることが多いです。なので、細かいことは選択する形にしたり、絵で描いて指し示すなど、返答が難しいことは子どもが言葉（発話）で伝えなくてよい工夫をお願いします
	やりとり：一方的に話す・オウム返し・(自分からは話さない) その他（　　　　　　　　　）		聞かれれば返す感じで、自分から積極的に話すことはないので、声かけしてほしいです
理解	自分の年齢：(わかる)・わからない		
	身近なものの名前：わかる・(わからない)		だいたい分かるが、たまに間違えることがあります
	絵や写真で示すもの：(わかる)・わからない		幼稚園児が使うようなことば図鑑はだいたいわかります
	文章での話しかけ：わかる・(わからない)		
	過去の質問：(答えられる)・答えられない		すごく昔でなければ答えられます。わからないときは、補足して伝えてほしい
	冗談：(わかる)・わからない		自分でふざけることも多いです。にやにやしてやってるときはふざけています
	わからないことがあったとき：(自ら尋ねる)・尋ねない		顔にでるので、間が空いて首が傾いている時は質問自体がわからないという場合があります
感情	喜怒哀楽：(表現する)・しない		本人の気持ちが通じないと「あぁー」とはっきり言います。この時は、怒ってなくて残念に思っているようです。めげずに聞く姿勢でつきあってもらえると嬉しいです
	どう思う？という質問：答えられる・(答えられない)		発語できないことと、考え言葉にすることが難しいので選択式でえらばせてほしいです
	表情からわかる気持ち：(読み取る)・読み取らない		残念、悲しいなどはわかっていますが、言葉で遠回しに表現されるとわからないと思います
	相手の気持ち：(理解できる)・理解できない		理解できているようですが、自分の興味関心が高いものに対しては、自分の気持ちが優先になることもあります

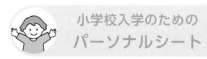

小学校入学のための
パーソナルシート

		いまの様子	協力してほしいこと・今後の成長目標
食事		食べ方：一人で食べる・手助けが必要	
		使う道具：手づかみ・フォーク・スプーン・箸	
		食形態：他の子どもと同じ・食べやすく形態を変える	
		様子：落ち着いて食べる・遊びながら食べる・席を立つ	
		好き嫌い：ある（　　　　　　　　　）・ない	
排泄		排尿：トイレで一人でできる・手助けが必要・おむつ	
		排便：トイレで一人でできる・手助けが必要・おむつ	
身支度		支度を始める：一人でできる・声かけが必要・苦手	
		着替え：一人でできる・手助けが必要	
		着替え：ボタン、ファスナーなどの扱いが一人でできる・手助けが必要	
		手洗い・うがい：一人でできる・手助けが必要	
		歯磨き：一人でできる・手助けが必要	
集団生活		得意な状況（　　　　　　　　　　　）	
		苦手な状況（　　　　　　　　　　　）	
		みんなで行うことが好きな活動（　　　　　　）	
		着席：落ち着いて座る・落ち着きがない・立ち歩く	
		順番：待てる・声かけが必要・苦手	
		活動の切替：スムーズに切替る・声かけが必要・苦手	
		集団行動：周囲と一緒に動く・声かけが必要・苦手	

シートを終えたあなたに一言！ すべて完璧を目指す必要はありません。このシートは、学年が上がる度に更新したり、担任の先生が変わる時に渡したりすると、成長の様子が引き継がれていくのでお勧めです！

記入する時は、小学校の先生に子どものいまの様子や考えを共有しましょう。記入する時には、これまでの子どものことをよく知る園の先生に助言をもらうのもお勧めです。

		いまの様子	協力してほしいこと・今後の成長目標
コミュニケーション		お友達との関わり：得意・苦手	
		大人・先生との関わり：得意・苦手	
会話		発話：不明瞭・イントネーションが独特・その他（　　　　　　　　　　　　　）	
		子どもの伝え方： 言葉で伝える（文章・短文・単語）・ ジェスチャーや指差しで伝える・行動や発声で伝える その他（　　　　　　　　　　　）	
		やりとり： 一方的に話す・オウム返し・自分からは話さない その他（　　　　　　　　　　　　）	
理解		自分の年齢：わかる・わからない	
		身近なものの名前：わかる・わからない	
		絵や写真で示すもの：わかる・わからない	
		文章での話しかけ：わかる・わからない	
		過去の質問：答えられる・答えられない	
		冗談：わかる・わからない	
		わからないことがあったとき：自ら尋ねる・尋ねない	
感情		喜怒哀楽：表現する・しない	
		どう思う？という質問：答えられる・答えられない	
		表情からわかる気持ち：読み取る・読み取らない	
		相手の気持ち：理解できる・理解できない	

シートPDF版ダウンロードはこちら印刷して何度もお使いください

準備

小学校の環境を整える

　いざ小学校で学校生活を送ってみると、小さな環境の工夫でみんなと一緒に行動できたり、自分でできることが増えたりしていきます。ここでは、実際に学校生活を送ってきた先輩家族の工夫の数々をご紹介します。

通学班や近所のお友達と通学を散歩する

　登下校は、荷物を持ちながら歩く、他のお友達と歩くペースを合わせる、興味を引くものや音が多い道を安全に歩くなど、実はとても難しいもの。少しずつ慣れていけばいいですが、入学前にこれから一緒に通うことになる通学班や近所のお友達と共に、学校まで散歩してみるといいでしょう。お子さん同士や地域の人とも顔見知りになることができるので、関係ができた状態で入学できることも安心です。

天候が悪い時、
傘を持ちながら登校する練習や
お気に入りの雨具をそろえる
など工夫をしましょう！

子どもが使いやすい道具を準備する

　履き物や着替え入れなど使用することが多い巾着袋。子どもには、閉める時に結び目が中に入らないよう気をつけて均等な力で引っ張ることや、指をかぎ状にしたまま開けるという動きは難しいこともあります。そこで考えられたのが、握りやすく力の入れやすい大きめのループエンドと、握って引っ張れるリボンループが脇についた巾着袋です。小さなことも自分でできると自信や成長につながります。

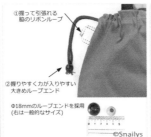

①握って引張れる
脇のリボンループ

②握りやすく力が入りやすい
大きめループエンド

Φ18mmのループエンドを採用
(右は一般的なサイズ)

©Snailys

©snailys by sottac

家や保育園で和式トイレの練習をする

　和式も多い学校のトイレ。便器に落ちそうでまたぐのが怖い、ズボンやスカートをどうしたらいいか分からない、失敗したら恥ずかしいと感じる子どもが多いようです。就学活動中には学校から「トイレが一人でできないと入学は難しい」と心無い言葉を受けることもあります。

　そこで、家の床にマスキングテープを四角く貼ってみたり、ドアのさっしを跨ぐようにしたりして、和式トイレをイメージしながら練習をさせてみるのがお勧めです。保育園や公共施設など和式トイレがあるところがあれば、親がお手本を見せながら一緒にやってみると、少しずつ慣れていくでしょう。

傘立てに名前シールをつける

　傘立ては、どこに立てたら良いのかわからなかったり、自分の傘が探せず戸惑ったりするお子さんが多いようです。そこで、学校の先生に相談して、お子さんの名前を傘立ての穴の位置にテープで貼ってもらったという事例があります。自分の子どもだけではなく、定位置が定まることでみんなにとって使いやすくなりました。

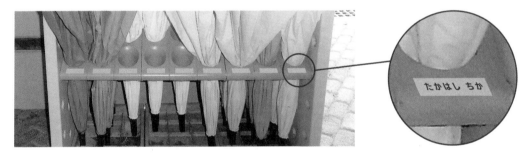

下駄箱に名前以外の目印シールをつける

　子どもにとっては、似たような靴が並ぶ中で、おおよその場所を覚えておいて名前を探すことが思いのほかに難しいようです。そこで、名前の横に好きな色やマークのシールを貼って目印にすることで、迷ったり間違えたりすることを減らすことができます。一人で靴が探せない場合に、すぐに下駄箱を別の場所に分けたり、先生が手伝ったりするのではなく、このような工夫で自分でできる環境をつくっていくのがお勧めです。

おわりに

　就学活動の道のりはいかがでしたか？小学校が決まりほっと一息つく方もいれば、まだ心に不安を抱える方もいるでしょう。まず自分自身に、そして家族とお子さんに感謝とねぎらいを、お疲れさまでした！

　この本では、先輩の親御さんや専門家からの知恵を紹介し、就学活動に伴うさまざまな困難に立ち向かう"こうしよう術"をお伝えしました。そのため登場するキャラクターたちは、自治体職員や先生、療育の専門家など、保護者に対して厳しく癖のある対応をする人々になっています。しかし本書を制作する過程では、こうした困難だけではなく、よい支援者やよい活動との出会いもインタビューや座談会などを通じて知ることができました。この本はそうした経験を教えていただいた皆様のおかげで、世の中に出すことができました。本当にありがとうございました。

　現状の就学活動に伴う困難は、登場するキャラクター個人の問題だけではなく、従来の慣習や教育環境など、様々な要因が絡み合って生じていることが原因です。障がいの有無に関わらず、誰もが自分らしくイキイキと暮らしていける社会を築くためには、子どもたちや先生に適切な支援が提供され、学校や教育環境が共に学び成長できるものに整備されることが不可欠です。そしてこのような環境の中で、幼少期から子どもたちが共に成長し、地域社会と結びつき続けることで、互いの理解や尊重が生まれ、誰もが生きやすい社会につながると考えます。

　子どもたちがどのような環境で成長することを望むのか、将来どのような社会を築きたいのか、小学校の選択は社会的に重要な意味合いを持ち、私たちの社会をつくる一環であると考えています。

　まだまだ就学活動には不安や心労もありますが、保護者も学校にまつわる関係者の皆様も一歩ずつ前進し、みんなで力を合わせ、社会をよりよいものにしていきましょう！

みんなで就学活動

障害のある子と親のための小学校就学の"こうしよう"術を学ぶ

本書制作の元となった「みんなで就学活動」プロジェクトとは、障がいのあるお子さんを持つ保護者のための小学校就学までの道のりをサポートするプロジェクトです。自治体職員や学校とのやりとりなど様々な困りごとにどのように向き合いアクションするかを多様なコンテンツでお伝えします。

● コンテンツ1　先輩や専門家のお役立ち情報

本書の中にも登場している先輩家族のインタビュー記事や専門家との対談記事を読むことができます。また、著者主催のイベントや勉強会等の情報を掲載しています。

● コンテンツ2　動画コンテンツ

本書の内容の一部分を動画でもご覧いただけます。まずは簡単に理解したい方や忙しいお友達にこのプロジェクトの考え方を紹介したい時などにお使いください。

● コンテンツ3　思考や情報を整理するシート

本書でも紹介している各種シートはウェブサイトにてダウンロードすることができます。無料でお使いいただけますので、ぜひご利用ください。

● コンテンツ4　みんなで座談会パッケージ

本書を用いた座談会を全国の療育施設や自治体、支援団体や保護者の集まりの場などで開催していただけるツールキットを用意しています。周りで同じ悩みをもつ親同士の集まりや施設を利用している親同士で、気軽に話し合う場を開催してみませんか。

https://issueplusdesign.jp/shugaku-shien/

社会の課題に、市民の創造力を。

issue + design

正解のない課題、複雑で難解な課題に、共に楽しく挑みませんか？

気候変動、自然災害、医療・介護人材不足、食糧危機、教育格差 ....
地域、日本、世界には、市民の「安心」と「幸福」を脅かす
社会的課題（ISSUE）が溢れています。

無限の資源があり、人口が増え、経済成長が続いた時代。
市民・企業・地域・国に求められていたのは、目の前にある正解を素早く、
効率的にやり遂げることでした。そんな正解を解けば良い時代は終わりました。

誰もが、複雑で難解、正解のない課題に直面している現代、
この時代に必要なもの、それがデザインです。

デザインには問題の本質を捉え、調和と秩序をもたらす力がある。
美と共感で人の心に訴え、幸せなムーブメントを起こす力がある。

楽しいデザイン、美しいデザインは、
「自分も行動したい」「参加したい」という人の共感を呼びます。
みんなの前向きな参加こそが、地域を、日本を、世界を変えるのです。

市民、企業、行政他、多くの皆さんと共に、正解のない課題に対して、
楽しく、美しくチャレンジしたい。
それが、我々 issue+design の願いです。

issueplusdesign.jp

club issue+design

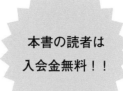

本書の読者は
入会金無料！！

課題解決の旅の仲間になりませんか？

まちづくり・防災・医療・福祉・教育など様々な社会課題解決についてもっと学び
たい方、同じような課題を抱えている各地の仲間とつながりたい方、
club issue＋designに入会しませんか？様々なメンバー特典をご用意しています。

▼ 特典1　issue+design books の書籍を一冊プレゼント
『小学校就学サポート BOOK』、離婚と向き合うお母さんに向けた『シングルマザー
手帖』、シリーズ 20 万部を超えるヒット作『認知症世界の歩き方　実践編（税込
1,980 円)』のいずれか一冊をプレゼント！

▼ 特典2　小学校就学サポートBOOK 電子書籍（PDF 版）プレゼント
スマホや PC でいつでも「小学校就学サポートBOOK」を読める電子書籍（PDF 版）
をプレゼント！

▼ 特典3　課題解決の旅の羅針盤「 issue compass」（非売品）プレゼント
日本社会が抱える多種多様な課題を網羅した "課題解決の地図" がポスターに！

▼ 特典4　ワークショップ＆イベント参加費無料
これから就学活動を行う、または就学活動を終えた皆さんに役立つワークショップ
やイベント等に無料もしくは優待料金で参加いただけます。

▼ 特典5　メンバー専用コミュニティにご招待
同じような課題を抱えている仲間とつながれます。

お申込み・詳細は
こちらから　➡

障がいのある子と親のための
小学校就学サポートBOOK

2023 年 12 月 10 日　第 1 刷発行

著者	issue+design・高橋 真（アクセプションズ）
監修	筧 裕介（issue+design）
執筆	高橋 真（アクセプションズ）
執筆・編集・デザイン	稲垣 美帆（issue+design）
編集	森 雅貴（issue+design）
グラフィックデザイン	宮崎 千穂（issue+design）
	田中 美帆（cocoroé）・伊藤 美紀（cocoroé）
キャラクターデザイン・イラストレーション	渡辺 祐亮（cocoroé）
コピーライティング	中島 佳人（ナカジマ製作所）
ウェブ記事執筆	やなぎさわ まどか（株式会社 Two Doors）
発行者	筧 裕介
発行所	issue+design
	特定非営利活動法人イシュープラスデザイン
	東京都文京区千駄木 2-40-12
	https://issueplusdesign.jp/
印刷・製本	中央精版印刷株式会社
発売所	英治出版株式会社
	東京都渋谷区恵比寿南 1-9-12 ピトレスクビル 4F
	TEL 03-5773-0193
	FAX 03-5773-0194
	www.eijipress.co.jp